세빛희의

1일 1부동산

투자 일력

김세희(세빛희) 지음

매일 5분, 책상 위에서 펼쳐지는 국민 부동산 과외

21세기북스

지은이

김세희(세빛희)

공무원으로 15년 동안 재직하며 부동산 취득의 중요성을 깨달았다. 가지고 있는 돈 3천만 원으로 부동산 투자를 시작하기 위해 치밀하게 조사하고 실행했다. 아파트뿐만 아니라 지식산업센터 같은 수익형 부동산에 이르기까지 다양한 물건에 투자하는 전략으로 경제적 자유를 얻었다. 유튜브 〈3040재테크, 세빛희〉, 네이버 카페 〈3040재테크 부심스〉, 부동산 투자 강의 플랫폼 푸릉에서 처음 부동산 투자를 시작하려는 사람들에게 투자법과 지역, 종목에 대한 편견을 깨고 진정한 부자의 길로 갈 수 있는 방법을 안내하고 있다.

『세빛희의 1일 1부동산 투자 일력』은 부동산 투자의 전설, 3040들의 재테크 멘토 세빛희가 공개하는 최초의 재테크 일력으로서, 투자 마인드 코칭부터 입지분석, 유망투자처, 소액투자, 분산투자, 부동산 계약 팁, 파이프라인 세우기까지 인생의 퀄리티를 한층 더 높여줄 '부동산 투자 습관 가이드'로 구성했다. 매일 5분, 읽고 쓰는 것만으로 부(富)가 축적되는 투자 일력의 힘을 맛볼 수 있을 것이다.

★
유튜브
3040재테크, 세빛희

★
블로그
3040 재테크코디네이터 세빛희

★
카페
3040 재테크, 부심스

프롤로그

두 번째 책을 어떤 주제로 써야 할지 정말 고민을 많이 했다. 그러던 중 나를 스쳐간 수많은 수강생들이 떠올랐다. 수업 마지막에 항상 이런 질문을 했다. "수업을 들을 땐 세빛희님이 계셔서 이렇게 체계적으로 공부를 할 수 있는데 혼자는 정말 힘들어요. 세빛희 님처럼 꾸준하게 부동산 공부를 하려면 어떻게 해야 하나요?" 그런 질문을 들을 때마다 안타까웠다. 마음 같아서는 바로 옆에 딱 붙어서 매일 과외를 하듯 부동산 공부를 함께하고 싶었다. 하지만 현실적으로 그게 어렵다는 것을 알게 되었고 최대한 많은 사람이 꾸준하게 공부 습관을 놓치지 않도록 도울 방법을 찾다가 이 책을 쓰게 되었다.

부동산 투자를 지금이라도 시작해야 하는 이유, 저평가 지역을 찾는 법, 입지분석을 하는 법, 저평가된 유망투자처를 찾는 법, 부동산 투자에 대한 팁, 부동산 공부법, 틈새 투자법, 보유주택수에 따른 전략 등 군더더기를 다 빼고 꼭 필요한 것들만 담았다.

그리고 매일매일 공부한 내용을 스스로 확인할 수 있게 체크리스트를 만들었다. 가장 먼저 **긍정 확언**이다. 매일 적었던 긍정 확언은 대부분이 실제로 이루어졌다. 그만큼 마인드셋이 중요하다. 긍정 확언은 매일 실제로 그것을 이루었다고 쓰자. 두 번째는 **경제 기사**다. 부동산이라는 분야도 큰 경제 흐름의 일부다. 전체가 어떻게 움직이는지를 알아야 부동산의 흐름을 읽을 수 있다. 하루 중 가장 집중이 잘되는 새벽에 경제 기사를 읽고 요점을 정리하면 늘 큰 흐름을 놓치지 않게 된다. 세 번째는 **공부한 지역**이다. 저평가지역을 찾기 어렵다면 내가 사는 지역이나 인근 지역부터 공부를 해보면 된다. 한 지역을 분석해보면 점점 어떻게 지역을 바라봐야 하는지 감이 잡히기 시작한다. 네 번째는 **공부한 사이트 및 유튜브 채널을 적어보는 것**이다. 요즘은 굳이 돈을 들이지 않아도 무료로 활용할 수 있는 채널이 너무 많다. 최대한 무료 플랫폼과 무료 유튜브 채널을 활용해서 공부해보자. 다섯 번째는 **오늘 알게 된 관심 단지와 시세**다. 부동산에서 가장 중요한 것은 가격이다. 가격에는 입지와 수요가 반영된다. 가격을 알아야 아파트를 비교할 수 있고 더 오를 수 있는 아파트를 찾을 수 있다. 꼭 내 손으로 매일 가격을 적어보자. 여섯 번째는 **세금 정보**다. 사실 세금은 너무 어렵다. 하지만 어느 정도 세금에 대해 알아야 대비를 할 수 있다. 세금 관련 책이나 채널을 보고 알게 된 것을 꼭 정리해보자.

이렇게 매일 총 6가지 항목에 대해 공부하고 체크하면 결국 그것이 공부 습관이 된다. 부동산을 잘하는 방법은 매일 얼마나 많은 양을 했느냐가 아니라 매일 조금이라도 얼마나 꾸준하게 공부했느냐로 결정된다. 지구에 종말이 왔을 때 끝까지 살아남는 사람은 가장 똑똑한 사람이 아니라 끝까지 버티는 사람이라는 말이 있다. 매일 5분이라도 1년만 꾸준히 하면 지금 나의 인생이 내가 바라는 인생으로 바뀐다는 것을 꼭 기억했으면 한다.

1

JANUARY

투자를 결심했다면 이렇게 하세요

JANUARY

1

부동산 투자는 감으로 하지 마세요

저는 부동산으로 돈을 버는 사람들은 운이 좋았던 거라고 생각했어요. 그래서 제가 사면 다 오르는 줄 알았죠. 하지만 몇 번의 실패 이후 부동산 역시 철저한 공부를 해야 실패하지 않는 투자를 할 수 있다는 것을 알았습니다. 세상에 공짜는 없습니다.

| **CHECK** |

✔ 오늘의 긍정 확언 :

✔ 오늘 본 경제 기사 제목(요점, 이슈 등) :

✔ 오늘 공부한 지역 :

✔ 오늘 공부한 사이트 및 유튜브 채널 :

✔ 오늘의 관심 단지 및 시세(아파트명, 매매가, 전세가, 투자금) :

✔ 오늘 알게 된 세금 정보 :

JANUARY

2

기본만 알면 누구든 부동산에 투자할 수 있습니다

저는 문과 출신에 수포자입니다. 길눈도 어두워서 항상 큰 건물을 보고 찾아다녔어요. 이런 저도 부동산 투자를 하고 강의까지 하고 있습니다. 우리가 꼭 봐야 하는 중요한 지표만 알면 누구든 투자를 잘할 수 있습니다. 미리 포기하지 마세요.

| **CHECK** |

✔ 오늘의 긍정 확언 :

✔ 오늘 본 경제 기사 제목(요점, 이슈 등) :

✔ 오늘 공부한 지역 :

✔ 오늘 공부한 사이트 및 유튜브 채널 :

✔ 오늘의 관심 단지 및 시세(아파트명, 매매가, 전세가, 투자금) :

✔ 오늘 알게 된 세금 정보 :

JANUARY

3

부동산 투자만큼 평등한 것도 없습니다

우리는 좋은 대학에 가기 위해 초 · 중 · 고 12년간 열심히 공부합니다. 좋은 대학을 나오는 건 좋은 직장을 구하기 위해서입니다. 직장을 구할 때 내가 어떤 대학을 나왔는지, 어떤 자격을 가지고 있는지에 따라 누군가는 합격을 하고 누군가는 쓴맛을 봅니다. 그러나 부동산 투자에는 좋은 학교, 좋은 자격증이 필요 없습니다. 누구든 할 수 있고 좋은 성과를 낼 수 있습니다. 그러니 힘내세요.

| CHECK |

✔ 오늘의 긍정 확언 :

✔ 오늘 본 경제 기사 제목(요점, 이슈 등) :

✔ 오늘 공부한 지역 :

✔ 오늘 공부한 사이트 및 유튜브 채널 :

✔ 오늘의 관심 단지 및 시세(아파트명, 매매가, 전세가, 투자금) :

✔ 오늘 알게 된 세금 정보 :

JANUARY

4

결핍은 우리를 움직이게 합니다

결핍이란 있어야 할 것이 없거나 모자람을 의미합니다. 누군가는 결핍이 생기면 포기부터 해버립니다. 하지만 다른 누군가는 결핍을 채우기 위해 움직입니다. 저는 돈에 대한 결핍을 채우기 위해 부동산 투자를 시작했습니다. 여러분도 포기하지 말고 지금부터 움직이세요.

| **CHECK** |

✔ 오늘의 긍정 확언 :

✔ 오늘 본 경제 기사 제목(요점, 이슈 등) :

✔ 오늘 공부한 지역 :

✔ 오늘 공부한 사이트 및 유튜브 채널 :

✔ 오늘의 관심 단지 및 시세(아파트명, 매매가, 전세가, 투자금) :

✔ 오늘 알게 된 세금 정보 :

JANUARY

5

지금도 늦지 않았습니다

나이가 쉰이 넘어서 투자를 시작하기에는 늦었다고 말하는 사람이 있습니다. 제가 아는 사람은 나이가 예순인데도 열심히 부동산 투자를 해서 수익을 내고 있습니다. 주변을 둘러보세요. 투자에 전혀 관심도 없는 사람이 훨씬 많습니다. 지금이라도 시작했다는 것은 그들보다 앞선다는 의미입니다.

| **CHECK** |

✔ 오늘의 긍정 확언 :

✔ 오늘 본 경제 기사 제목(요점, 이슈 등) :

✔ 오늘 공부한 지역 :

✔ 오늘 공부한 사이트 및 유튜브 채널 :

✔ 오늘의 관심 단지 및 시세(아파트명, 매매가, 전세가, 투자금) :

✔ 오늘 알게 된 세금 정보 :

JANUARY

6

월급 오르는 속도보다 자산 오르는 속도가 더 빠릅니다

저는 항상 궁금했어요. 내 월급은 그대로인데 그 외의 것들은 왜 이렇게 오르는 건지. 10년 전 짜장면 가격은 3,000원인데 지금은 6,000원입니다. 10년 동안 짜장면은 두 배가 올랐는데 내 월급은 두 배가 되었나요? 지금이라도 정신 차리고 자산에 투자하세요.

| CHECK |

✔ 오늘의 긍정 확언 :

✔ 오늘 본 경제 기사 제목(요점, 이슈 등) :

✔ 오늘 공부한 지역 :

✔ 오늘 공부한 사이트 및 유튜브 채널 :

✔ 오늘의 관심 단지 및 시세(아파트명, 매매가, 전세가, 투자금) :

✔ 오늘 알게 된 세금 정보 :

JANUARY

7

양은 결국 주인에게 자신의 고기까지 내어주고 죽고 맙니다

파울로 코엘료의 《연금술사》에는 이런 이야기가 나옵니다. 양은 양치기가 주는 물과 먹이에만 의존하고 살아가다가 결국 자신의 털과 고기까지 내어주고 죽는다고요. 저는 양이 현재 월급에만 의존하고 살아가는 우리 직장인들의 모습이랑 참 닮았다고 생각합니다. 양처럼 모든 것을 다 내어주기만 할 건가요?

| **CHECK** |

✔ 오늘의 긍정 확언 :

✔ 오늘 본 경제 기사 제목(요점, 이슈 등) :

✔ 오늘 공부한 지역 :

✔ 오늘 공부한 사이트 및 유튜브 채널 :

✔ 오늘의 관심 단지 및 시세(아파트명, 매매가, 전세가, 투자금) :

✔ 오늘 알게 된 세금 정보 :

JANUARY

8

월급만으로는 부자가 될 수 없습니다

예전에 저는 월급을 열심히 모으면 집도 살 수 있고 부자가 될 수 있을 거라고 생각했어요. 하지만 제가 열심히 월급을 아껴가며 모을 때 집값은 계속 올라갔어요. 나중에 집을 사려고 하니 제가 모은 돈으로는 살 수 없는 지경이 되었습니다. 모은 돈으로 내 집 하나 살 수도 없는데 월급만으로 어떻게 부자가 될 수 있을까요?

| **CHECK** |

✔ 오늘의 긍정 확언 :

✔ 오늘 본 경제 기사 제목(요점, 이슈 등) :

✔ 오늘 공부한 지역 :

✔ 오늘 공부한 사이트 및 유튜브 채널 :

✔ 오늘의 관심 단지 및 시세(아파트명, 매매가, 전세가, 투자금) :

✔ 오늘 알게 된 세금 정보 :

JANUARY

9

적금을 들듯이 자산을 늘려가세요

저는 부동산을 잘 팔지 않습니다. 처음에 살 때 내가 살 수 있는 최선의 것을 사서 오래 보유합니다. 우리가 적금을 넣고 쌓여가는 돈을 보면 참 기분이 좋죠? 부동산도 마찬가지입니다. 전국에 나의 자산을 쌓아가세요.

| **CHECK** |

✔ 오늘의 긍정 확언 :

✔ 오늘 본 경제 기사 제목(요점, 이슈 등) :

✔ 오늘 공부한 지역 :

✔ 오늘 공부한 사이트 및 유튜브 채널 :

✔ 오늘의 관심 단지 및 시세(아파트명, 매매가, 전세가, 투자금) :

✔ 오늘 알게 된 세금 정보 :

JANUARY

10

자산에 투자하고 자산에서 돈이 나오는 삶을 사세요

로버트 기요사키의 《부자 아빠 가난한 아빠》라는 책을 읽고 저는 충격을 받았습니다. 작가는 자산에 투자하고 자산에서 돈이 나오는 삶을 살라고 했습니다. 그제야 저는 자산에 투자해야 한다는 것을 알게 되었습니다. 책 한 권이 우리를 다른 인생으로 이끌어줄 수 있습니다.

| CHECK |

✔ 오늘의 긍정 확언 :

✔ 오늘 본 경제 기사 제목(요점, 이슈 등) :

✔ 오늘 공부한 지역 :

✔ 오늘 공부한 사이트 및 유튜브 채널 :

✔ 오늘의 관심 단지 및 시세(아파트명, 매매가, 전세가, 투자금) :

✔ 오늘 알게 된 세금 정보 :

JANUARY

11

부동산 투자에 미쳐야 하는 이유를 찾으세요

제가 부동산 투자를 시작한 계기는 '영끌'한 친구의 집값이 1년도 되지 않아 2억이 오르는 것을 본 순간이었습니다. 누군가 저에게 '어떻게 그렇게 섬 같은 아파트에 사냐'는 말을 했어요. 저는 괜찮았지만 우리 아이가 그런 이야기를 듣는 건 참을 수 없었습니다. 내가 미칠 수밖에 없는 이유를 한 가지 꼭 찾으세요.

| **CHECK** |

✔ 오늘의 긍정 확언 :

✔ 오늘 본 경제 기사 제목(요점, 이슈 등) :

✔ 오늘 공부한 지역 :

✔ 오늘 공부한 사이트 및 유튜브 채널 :

✔ 오늘의 관심 단지 및 시세(아파트명, 매매가, 전세가, 투자금) :

✔ 오늘 알게 된 세금 정보 :

JANUARY

12

부동산에도 사이클이 있습니다

어떤 이는 부동산 가격이 상승한다고 하고, 또 어떤 이는 하락한다고 이야기합니다. 마치 전국의 부동산 가격이 동일하게 움직이는 것처럼 이야기합니다. 하지만 도시마다 부동산 가격의 사이클이 있고 그것은 다 다르게 움직입니다. 도시마다 상승과 하락에 영향을 주는 미분양, 공급물량과 같은 지표가 다르기 때문입니다. 전국을 하나의 움직임으로 보지 마세요. 사람이 모두 다르듯 각 도시도 다르게 움직이니까요.

| **CHECK** |

✔ 오늘의 긍정 확언 :

✔ 오늘 본 경제 기사 제목(요점, 이슈 등) :

✔ 오늘 공부한 지역 :

✔ 오늘 공부한 사이트 및 유튜브 채널 :

✔ 오늘의 관심 단지 및 시세(아파트명, 매매가, 전세가, 투자금) :

✔ 오늘 알게 된 세금 정보 :

JANUARY

13

가장 중요한 지표, 딱 5가지만 보세요

누군가는 부동산을 분석할 때 금리 인상, 정책 규제와 같이 외부적인 요인들을 가지고 설명합니다. 하지만 부동산은 그보다 내부적인 본연의 가치에 의해 움직입니다. 10년간의 매매지수, 미분양, 공급물량, 청약경쟁률, 거래량을 보세요. 그것만 봐도 충분합니다.

| **CHECK** |

✔ 오늘의 긍정 확언 :

✔ 오늘 본 경제 기사 제목(요점, 이슈 등) :

✔ 오늘 공부한 지역 :

✔ 오늘 공부한 사이트 및 유튜브 채널 :

✔ 오늘의 관심 단지 및 시세(아파트명, 매매가, 전세가, 투자금) :

✔ 오늘 알게 된 세금 정보 :

JANUARY

14

초보가 지금보다 부동산 투자를 잘하고 싶다면 이 방법밖에 없습니다

초보 투자자와 전문 투자자는 종이 한 장 차이밖에 나지 않습니다. 그 차이를 만드는 것은 결국 경험입니다. 실전 경험을 많이 해볼수록 투자에 대한 자신감이 생기고 그것을 더 잘하게 됩니다. 겁내지 말고 최대한 많이 경험하세요. 비록 그 과정에서 실패를 맛보더라도 분명 그 경험은 다음을 위한 든든한 초석이 되어줄 것입니다.

| **CHECK** |

✔ 오늘의 긍정 확언 :

✔ 오늘 본 경제 기사 제목(요점, 이슈 등) :

✔ 오늘 공부한 지역 :

✔ 오늘 공부한 사이트 및 유튜브 채널 :

✔ 오늘의 관심 단지 및 시세(아파트명, 매매가, 전세가, 투자금) :

✔ 오늘 알게 된 세금 정보 :

JANUARY

15

부동산 투자는 끝없는 협상의 과정입니다

부동산 투자는 협상의 과정입니다. 결정의 순간에 사람들은 이기적으로 변합니다. 이런 순간에 내가 무엇을 내어주고 무엇을 가져올지 생각해야 합니다. 이때 작은 것은 탐하다가 큰 것을 잃을 수도 있습니다. 항상 소탐대실을 생각하세요.

| **CHECK** |

✔ 오늘의 긍정 확언 :

✔ 오늘 본 경제 기사 제목(요점, 이슈 등) :

✔ 오늘 공부한 지역 :

✔ 오늘 공부한 사이트 및 유튜브 채널 :

✔ 오늘의 관심 단지 및 시세(아파트명, 매매가, 전세가, 투자금) :

✔ 오늘 알게 된 세금 정보 :

JANUARY

16

투자를 시작하려고 했던 그 첫 마음을 기억하세요

부동산 투자가 늘 잘되는 건 아니에요. 갑자기 전세가 나가지 않을 수도 있고 공인중개사나 세입자가 나를 힘들게 할 수도 있습니다. 다 포기하고 싶은 순간이 옵니다. 그럴 때는 투자를 시작하려고 마음먹었던 그 첫 마음을 떠올리세요. 그러면 절대 포기하지 않게 됩니다.

| **CHECK** |

✔ 오늘의 긍정 확언 :

✔ 오늘 본 경제 기사 제목(요점, 이슈 등) :

✔ 오늘 공부한 지역 :

✔ 오늘 공부한 사이트 및 유튜브 채널 :

✔ 오늘의 관심 단지 및 시세(아파트명, 매매가, 전세가, 투자금) :

✔ 오늘 알게 된 세금 정보 :

JANUARY

17

나만의 투자 기준을 만들기 위해 노력하세요

투자를 할 때는 나의 기준이 있어야 합니다. 그렇지 않으면 주변 동료, 공인중개사 말에 계속 흔들리게 됩니다. 기준을 만들려면 항상 '왜'를 생각해야 합니다. 왜 이 아파트가 저 아파트보다 비쌀까? 그 답을 찾기 위해 움직일 때 우리의 기준도 점점 더 명확해집니다.

| **CHECK** |

✔ 오늘의 긍정 확언 :

✔ 오늘 본 경제 기사 제목(요점, 이슈 등) :

✔ 오늘 공부한 지역 :

✔ 오늘 공부한 사이트 및 유튜브 채널 :

✔ 오늘의 관심 단지 및 시세(아파트명, 매매가, 전세가, 투자금) :

✔ 오늘 알게 된 세금 정보 :

JANUARY

18

물려받은 재산이 많지 않은 우리에겐 이 방법밖에 없습니다

예전에 조리원에서 만난 친구는 남편이 물려받을 재산이 많다고 자랑을 했어요. 그게 참 부러웠습니다. 물려받을 재산이 없는 우리에게는 부동산 투자밖에는 방법이 없습니다. 그러니 부러워만 하지 말고 열심히 공부하세요.

| CHECK |

✔ 오늘의 긍정 확언 :

✔ 오늘 본 경제 기사 제목(요점, 이슈 등) :

✔ 오늘 공부한 지역 :

✔ 오늘 공부한 사이트 및 유튜브 채널 :

✔ 오늘의 관심 단지 및 시세(아파트명, 매매가, 전세가, 투자금) :

✔ 오늘 알게 된 세금 정보 :

JANUARY

19

돈이 행복의 충분조건은 아니지만 필요조건인 건 확실합니다

돈만 많다고 무조건 행복해지는 건 아니에요. 하지만 돈이 없으면 불행해지는 건 확실합니다. 저는 그것을 알기 때문에 그 필요조건을 채우기 위해 부동산 투자를 합니다. 최소한 돈 때문에 불행해지기는 싫거든요.

| **CHECK** |

✔ 오늘의 긍정 확언 :

✔ 오늘 본 경제 기사 제목(요점, 이슈 등) :

✔ 오늘 공부한 지역 :

✔ 오늘 공부한 사이트 및 유튜브 채널 :

✔ 오늘의 관심 단지 및 시세(아파트명, 매매가, 전세가, 투자금) :

✔ 오늘 알게 된 세금 정보 :

JANUARY

20

결심했다면 뒤돌아보지 말고 앞만 보세요

어떤 것이든 결심했다면 절대 뒤는 돌아보지 마세요. 잘한 선택인지 고민하다 보면 계속 처음으로 되돌아갈 뿐입니다. 앞만 보고 내가 여기서 어떻게 해나가야 하는지만 생각하세요. 그게 우리가 목표를 이루는 가장 빠른 길입니다.

| **CHECK** |

✔ 오늘의 긍정 확언 :

✔ 오늘 본 경제 기사 제목(요점, 이슈 등) :

✔ 오늘 공부한 지역 :

✔ 오늘 공부한 사이트 및 유튜브 채널 :

✔ 오늘의 관심 단지 및 시세(아파트명, 매매가, 전세가, 투자금) :

✔ 오늘 알게 된 세금 정보 :

JANUARY

21

매일 긍정 확언에 그것을 이루었다고 쓰세요

저는 매일 긍정 확언을 씁니다. 이미 그것을 이루었다고 3번씩 씁니다. 참 신기한 게 그렇게 쓰면 정말 이루어집니다. 매일 적으면 나도 모르게 매일 그것을 이룰 방법을 생각하게 됩니다. 매일 긍정 확언을 쓰세요. 반드시 이루어질 테니까요.

| **CHECK** |

✔ 오늘의 긍정 확언 :

✔ 오늘 본 경제 기사 제목(요점, 이슈 등) :

✔ 오늘 공부한 지역 :

✔ 오늘 공부한 사이트 및 유튜브 채널 :

✔ 오늘의 관심 단지 및 시세(아파트명, 매매가, 전세가, 투자금) :

✔ 오늘 알게 된 세금 정보 :

JANUARY

22

너무 높은 목표보다 내가 당장 이룰 수 있는 목표는 정하세요

너무 높은 목표는 오히려 빨리 포기하게 만들 수 있습니다. 내가 아무리 노력해도 이룰 수 없다는 생각이 들기 때문입니다. 반면 당장 내가 이룰 수 있을 만한 낮은 목표는 그것을 이루었을 때 성취감과 자신감을 안겨줍니다. 그러므로 목표가 높다고 좋은 건 아닙니다.

| **CHECK** |

✔ 오늘의 긍정 확언 :

✔ 오늘 본 경제 기사 제목(요점, 이슈 등) :

✔ 오늘 공부한 지역 :

✔ 오늘 공부한 사이트 및 유튜브 채널 :

✔ 오늘의 관심 단지 및 시세(아파트명, 매매가, 전세가, 투자금) :

✔ 오늘 알게 된 세금 정보 :

JANUARY

23

안정과 불안정 중 불안정이 정답입니다

제가 퇴사를 고민할 때 멘토가 이렇게 말해주었어요. “안정과 불안정 중 불안정이 정답이다.” 우리는 늘 안정을 추구하며 살아갑니다. 하지만 그렇게 해서 우리가 정말 행복해졌나요? 행복해지지 않았다면 불안정이 정답입니다. 안정을 버리고 불안정을 추구하면 우리는 뭐든 시도할 수 있습니다.

| **CHECK** |

✔ 오늘의 긍정 확언 :

✔ 오늘 본 경제 기사 제목(요점, 이슈 등) :

✔ 오늘 공부한 지역 :

✔ 오늘 공부한 사이트 및 유튜브 채널 :

✔ 오늘의 관심 단지 및 시세(아파트명, 매매가, 전세가, 투자금) :

✔ 오늘 알게 된 세금 정보 :

JANUARY

24

당연한 것을 당연하지 않게 생각하세요

저는 그동안 제가 알던 것들이 당연한 것이라고 여겼습니다. '원래 그런 거야'라고 생각했죠. 그러나 당연하게 여기면 더 이상 나아갈 수가 없습니다. 우리가 당연하게 여겼던 것들이 당연하지 않다는 것을 아는 순간 변화가 시작됩니다. 지금 내가 당연하게 생각하고 있는 것이 무엇인지 적어보세요.

| CHECK |

✔ 오늘의 긍정 확언 :

✔ 오늘 본 경제 기사 제목(요점, 이슈 등) :

✔ 오늘 공부한 지역 :

✔ 오늘 공부한 사이트 및 유튜브 채널 :

✔ 오늘의 관심 단지 및 시세(아파트명, 매매가, 전세가, 투자금) :

✔ 오늘 알게 된 세금 정보 :

JANUARY

25

넘어지는 법부터 배우세요

스키 타는 법을 배울 때 넘어지는 것부터 배우는 이유는, 잘못 넘어지면 더 크게 다치기 때문입니다. 투자도 마찬가지입니다. 늘 잘되는 투자는 없습니다. 기초부터 차근차근 배워나가고 최대한 보수적으로 접근하는 게 좋습니다. 제대로 넘어지는 것부터 배우는 것. 그것이 행복한 투자를 위한 기본입니다.

| **CHECK** |

✔ 오늘의 긍정 확언 :

✔ 오늘 본 경제 기사 제목(요점, 이슈 등) :

✔ 오늘 공부한 지역 :

✔ 오늘 공부한 사이트 및 유튜브 채널 :

✔ 오늘의 관심 단지 및 시세(아파트명, 매매가, 전세가, 투자금) :

✔ 오늘 알게 된 세금 정보 :

JANUARY

26

무리한 투자는 하지 마세요

투자가 항상 내 마음대로 되는 건 아니에요. 예상하지 못한 리스크가 발생하면 우리는 늘 '여기서 팔 것인가, 버틸 것인가?'를 결정해야 합니다. 어떤 선택이든 정답일 수 있습니다. 결국 불행은 내가 감당할 수 있는 선을 넘을 때 생긴다는 것을 꼭 기억하세요.

| **CHECK** |

✔ 오늘의 긍정 확언 :

✔ 오늘 본 경제 기사 제목(요점, 이슈 등) :

✔ 오늘 공부한 지역 :

✔ 오늘 공부한 사이트 및 유튜브 채널 :

✔ 오늘의 관심 단지 및 시세(아파트명, 매매가, 전세가, 투자금) :

✔ 오늘 알게 된 세금 정보 :

JANUARY

27

투자와 실거주를 분리하세요

저는 항상 투자와 실거주는 일치해야 한다고 생각했어요. 그렇다 보니 제가 사는 동네 인근만 생각했어요. 나와 배우자의 직장, 아이의 학교와의 거리를 생각하면 선택지는 한정됩니다. 하지만 투자와 실거주를 분리하면 전국이 나의 투자처가 됩니다.

| **CHECK** |

✔ 오늘의 긍정 확언 :

✔ 오늘 본 경제 기사 제목(요점, 이슈 등) :

✔ 오늘 공부한 지역 :

✔ 오늘 공부한 사이트 및 유튜브 채널 :

✔ 오늘의 관심 단지 및 시세(아파트명, 매매가, 전세가, 투자금) :

✔ 오늘 알게 된 세금 정보 :

JANUARY

28

주식이 좋을까요, 부동산이 좋을까요?

주식이 좋다, 부동산이 더 좋다, 어떤 것이 더 좋은지에 대한 정답은 없어요. 다만 좀 더 변동성이 적은 것은 부동산이라 생각합니다. 저처럼 매일 주식을 들여다보고 주식이 떨어지면 세상이 망한 것처럼 좌절하는 사람에게는 부동산이 오히려 더 적합합니다.

| **CHECK** |

✔ 오늘의 긍정 확언 :

✔ 오늘 본 경제 기사 제목(요점, 이슈 등) :

✔ 오늘 공부한 지역 :

✔ 오늘 공부한 사이트 및 유튜브 채널 :

✔ 오늘의 관심 단지 및 시세(아파트명, 매매가, 전세가, 투자금) :

✔ 오늘 알게 된 세금 정보 :

JANUARY

29

부자처럼 보이지 말고 진짜 부자가 되세요

우리는 부자처럼 보이고 싶어 명품을 두르고 외제차를 타려고 합니다. 하지만 그런 것들은 시간이 지날수록 가치가 감가상각이 됩니다. 반면 자산에 투자하면 시간이 지날수록 그 가치가 상승하고 진짜 부자가 됩니다. 여러분은 어떤 선택을 하겠습니까?

| CHECK |

✔ 오늘의 긍정 확언 :

✔ 오늘 본 경제 기사 제목(요점, 이슈 등) :

✔ 오늘 공부한 지역 :

✔ 오늘 공부한 사이트 및 유튜브 채널 :

✔ 오늘의 관심 단지 및 시세(아파트명, 매매가, 전세가, 투자금) :

✔ 오늘 알게 된 세금 정보 :

JANUARY

30

진짜 부자는 돈으로 시간을 삽니다

누구에게나 24시간이 주어지지만 누군가에게 1분이 누군가에게는 1시간의 가치가 될 수 있습니다. 부자들은 시간의 소중함을 알기 때문에 돈으로 시간을 삽니다. 시간의 소중함을 잊지 말았으면 합니다.

| **CHECK** |

✔ 오늘의 긍정 확언 :

✔ 오늘 본 경제 기사 제목(요점, 이슈 등) :

✔ 오늘 공부한 지역 :

✔ 오늘 공부한 사이트 및 유튜브 채널 :

✔ 오늘의 관심 단지 및 시세(아파트명, 매매가, 전세가, 투자금) :

✔ 오늘 알게 된 세금 정보 :

JANUARY

31

안되는 이유 말고 되는 이유를 찾으세요

투자하려고 마음먹었다면 안되는 이유 말고 되는 이유만 생각하세요. 부정적인 생각이 가득 차면 시작조차 할 수 없습니다. 안되는 이유가 수없이 떠오르더라도, 단 하나라도 되는 이유가 있다면 그것에만 집중하고 앞으로 나아가세요.

| **CHECK** |

✔ 오늘의 긍정 확언 :

✔ 오늘 본 경제 기사 제목(요점, 이슈 등) :

✔ 오늘 공부한 지역 :

✔ 오늘 공부한 사이트 및 유튜브 채널 :

✔ 오늘의 관심 단지 및 시세(아파트명, 매매가, 전세가, 투자금) :

✔ 오늘 알게 된 세금 정보 :

2

FEBRUARY

나무가 아닌
숲을 보세요

FEBRUARY

1

지역선정이 가장 중요합니다

우리가 투자에 실패하는 이유는 지역선정부터 잘못되었기 때문입니다. 아무리 그 지역에서 제일 좋은 아파트에 투자했다고 하더라도 그 지역 자체가 많이 올랐다면 큰 수익을 기대하기 어렵습니다. 서울 · 수도권이라고 해서 무조건 좋은 게 아닙니다. 지역선정을 잘해야 성공한 투자를 할 수 있습니다.

| **CHECK** |

✔ 오늘의 긍정 확언 :

✔ 오늘 본 경제 기사 제목(요점, 이슈 등) :

✔ 오늘 공부한 지역 :

✔ 오늘 공부한 사이트 및 유튜브 채널 :

✔ 오늘의 관심 단지 및 시세(아파트명, 매매가, 전세가, 투자금) :

✔ 오늘 알게 된 세금 정보 :

FEBRUARY

2

저평가 지역은 이런 곳입니다

저평가 지역이란 몇 년 동안 계속 하락했다가 최근 2년 이내에 상승으로 전환된 곳을 말합니다. 이런 지역들은 향후 몇 년간 계속 상승해갈 것이 확실한 지역입니다. 저평가 지역에 투자해야 확실한 수익을 얻을 수 있습니다.

| CHECK |

✔ 오늘의 긍정 확언 :

✔ 오늘 본 경제 기사 제목(요점, 이슈 등) :

✔ 오늘 공부한 지역 :

✔ 오늘 공부한 사이트 및 유튜브 채널 :

✔ 오늘의 관심 단지 및 시세(아파트명, 매매가, 전세가, 투자금) :

✔ 오늘 알게 된 세금 정보 :

FEBRUARY

3

3년 이상 연속해서 상승한 지역은 배제하세요

그 지역이 3년 이상 계속 상승해왔다면 점점 거품이 끼게 됩니다. 그때 투자하면 고점에 물릴 수가 있습니다. 내가 사고 얼마 가지 않아 하락한다면 그 투자는 우리를 불행하게 만듭니다. 그래서 최근 저점에서 상승 전환된 지 2년 이내인 지역을 잘 찾아야 합니다.

| CHECK |

✔ 오늘의 긍정 확언 :

✔ 오늘 본 경제 기사 제목(요점, 이슈 등) :

✔ 오늘 공부한 지역 :

✔ 오늘 공부한 사이트 및 유튜브 채널 :

✔ 오늘의 관심 단지 및 시세(아파트명, 매매가, 전세가, 투자금) :

✔ 오늘 알게 된 세금 정보 :

FEBRUARY

4

10년간의 매매지수 그래프에서 변곡점을 찾으세요

한 지역의 10년간의 그래프에는 저점, 고점과 같이 변곡점이 있습니다. 도시마다 변곡점은 다릅니다. 과거 그 변곡점에 영향을 준 요인을 찾으면 이 도시의 미래까지 예상할 수 있습니다.

| **CHECK** |

✔ 오늘의 긍정 확언 :

✔ 오늘 본 경제 기사 제목(요점, 이슈 등) :

✔ 오늘 공부한 지역 :

✔ 오늘 공부한 사이트 및 유튜브 채널 :

✔ 오늘의 관심 단지 및 시세(아파트명, 매매가, 전세가, 투자금) :

✔ 오늘 알게 된 세금 정보 :

FEBRUARY

5

아직 예전의 고점도 회복하지 못했다면 정말 저평가입니다

10년간의 매매지수 그래프를 보면 가장 매매지수가 높았던 고점을 알 수 있어요. 아직 그 도시가 예전의 고점에도 도달하지 못했다면 정말 저평가된 것입니다. 매일 매매지수 그래프를 보면서 그런 곳을 찾아보세요.

TIP 매매지수 그래프 확인 : 아실 〉 가격분석 또는 한국부동산원 〉 전국주택가격동향 〉 아파트 〉 매매가격지수

| **CHECK** |

✔ 오늘의 긍정 확언 :

✔ 오늘 본 경제 기사 제목(요점, 이슈 등) :

✔ 오늘 공부한 지역 :

✔ 오늘 공부한 사이트 및 유튜브 채널 :

✔ 오늘의 관심 단지 및 시세(아파트명, 매매가, 전세가, 투자금) :

✔ 오늘 알게 된 세금 정보 :

FEBRUARY

6

인접한 지역끼리 그룹화를 해보세요

친구끼리는 닮아간다는 말이 있죠? 도시도 마찬가지입니다. 인접한 도시끼리는 비슷한 흐름을 가져갑니다. 인접 도시들끼리 그룹을 묶어서 매매지수 그래프로 비교해보세요. 혹시 갑자기 다른 흐름을 가져가는 곳이 보이면 그곳에 기회가 있습니다.

| CHECK |

✔ 오늘의 긍정 확언 :

✔ 오늘 본 경제 기사 제목(요점, 이슈 등) :

✔ 오늘 공부한 지역 :

✔ 오늘 공부한 사이트 및 유튜브 채널 :

✔ 오늘의 관심 단지 및 시세(아파트명, 매매가, 전세가, 투자금) :

✔ 오늘 알게 된 세금 정보 :

FEBRUARY

7

한국부동산원 매매지수와 아실 매매지수는 왜 다를까요?

매매지수 그래프를 볼 수 있는 곳은 한국부동산원과 아실입니다. 두 곳의 매매지수 그래프에 차이가 나는 이유는 지수의 기준이 다르기 때문입니다. 한국부동산원은 자체 지수를 쓰고 아실은 KB지수를 씁니다. 매매지수 그래프는 두 사이트에서 모두 확인해서 비교하는 것이 좋습니다.

| **CHECK** |

✔ 오늘의 긍정 확언 :

✔ 오늘 본 경제 기사 제목(요점, 이슈 등) :

✔ 오늘 공부한 지역 :

✔ 오늘 공부한 사이트 및 유튜브 채널 :

✔ 오늘의 관심 단지 및 시세(아파트명, 매매가, 전세가, 투자금) :

✔ 오늘 알게 된 세금 정보 :

FEBRUARY

8

미분양은 매매지수 그래프와 반대로 움직입니다

미분양은 실수요자들의 신축 아파트에 대한 수요를 말합니다. 미분양이 많아지면 매매지수 그래프는 하락하고 미분양이 줄어들면 매매지수 그래프는 상승합니다. 미분양과 매매지수 그래프는 반대로 움직인다는 것만 알아도 그 도시의 상승과 하락을 예상할 수 있습니다.

| CHECK |

✔ 오늘의 긍정 확언 :

✔ 오늘 본 경제 기사 제목(요점, 이슈 등) :

✔ 오늘 공부한 지역 :

✔ 오늘 공부한 사이트 및 유튜브 채널 :

✔ 오늘의 관심 단지 및 시세(아파트명, 매매가, 전세가, 투자금) :

✔ 오늘 알게 된 세금 정보 :

FEBRUARY

9

업체별 미분양 현황을 체크하세요

구체적으로 어떤 단지가 미분양이 발생했는지 확인하려면 시청 또는 도청 홈페이지에서 업체별 미분양 현황을 확인하면 됩니다. 지난 달과 이번 달을 비교해서 미분양이 몇 개씩 줄어드는지 확인하세요. 미분양도 수요가 많은 단지부터 줄어든다는 것을 꼭 기억하세요.

| CHECK |

✔ 오늘의 긍정 확언 :

✔ 오늘 본 경제 기사 제목(요점, 이슈 등) :

✔ 오늘 공부한 지역 :

✔ 오늘 공부한 사이트 및 유튜브 채널 :

✔ 오늘의 관심 단지 및 시세(아파트명, 매매가, 전세가, 투자금) :

✔ 오늘 알게 된 세금 정보 :

FEBRUARY

10

미분양이 드라마틱하게 급감하는 지역에 기회가 있습니다

미분양 그래프를 보면 미분양 물량이 급격하게 감소하는 곳이 있습니다. 그건 그곳에 사는 사람들이 이제 집을 사기 시작했다는 것을 의미합니다. 수요는 점진적으로 증가하지 않고 폭발적으로 증가한다는 점을 꼭 기억하세요.

| **CHECK** |

✔ 오늘의 긍정 확언 :

✔ 오늘 본 경제 기사 제목(요점, 이슈 등) :

✔ 오늘 공부한 지역 :

✔ 오늘 공부한 사이트 및 유튜브 채널 :

✔ 오늘의 관심 단지 및 시세(아파트명, 매매가, 전세가, 투자금) :

✔ 오늘 알게 된 세금 정보 :

FEBRUARY

11

남아 있는 미분양이 어디인지를 꼭 확인하세요

미분양이 남아 있다고 무조건 그 지역에 리스크로 작용하는 건 아니에요. 미분양의 위치가 어디인지를 꼭 확인하세요. 수요가 없고 입지가 좋지 않은 외곽의 미분양들은 입지가 좋은 곳들보다 늦게 소진될 수 있습니다. 그런 물량은 남아 있더라도 그 도시의 상승에 큰 영향을 주지 않는다는 것을 기억하세요.

| **CHECK** |

✔ 오늘의 긍정 확언 :

✔ 오늘 본 경제 기사 제목(요점, 이슈 등) :

✔ 오늘 공부한 지역 :

✔ 오늘 공부한 사이트 및 유튜브 채널 :

✔ 오늘의 관심 단지 및 시세(아파트명, 매매가, 전세가, 투자금) :

✔ 오늘 알게 된 세금 정보 :

FEBRUARY

12

향후 입주 물량을 체크하세요

부동산은 수요와 공급의 원리에 의해 움직입니다. 많았던 공급 물량이 줄어들어야 수요가 많아지고 매매지수 그래프가 상승합니다. 공급이 많으면 선택지가 많아지기 때문에 수요는 줄어들게 되고 이것이 지속되면 매매지수 그래프가 하락하게 됩니다. 그동안 많았던 공급이 이제는 계속 줄어드는지 꼭 확인하세요

| **CHECK** |

✔ 오늘의 긍정 확언 :

✔ 오늘 본 경제 기사 제목(요점, 이슈 등) :

✔ 오늘 공부한 지역 :

✔ 오늘 공부한 사이트 및 유튜브 채널 :

✔ 오늘의 관심 단지 및 시세(아파트명, 매매가, 전세가, 투자금) :

✔ 오늘 알게 된 세금 정보 :

FEBRUARY

13

입주 물량은 어느 위치에 물량이 몰리는지 체크하세요

향후 예정된 입주 물량이 있다면 지도에서 위치를 꼭 확인하세요. 혹시나 한 곳에 입주가 몰리는지도 보세요. 그곳이 현재 입지가 좋거나 지금보다 훨씬 더 좋아질 지역이라면 결국 수요에 의해 입주 물량이 빠르게 소진되고 그 도시의 상승을 이끄는 불쏘시개가 될 수 있습니다. 무조건 입주 물량이 많아진다고 걱정하지 마세요.

| **CHECK** |

✔ 오늘의 긍정 확언 :

✔ 오늘 본 경제 기사 제목(요점, 이슈 등) :

✔ 오늘 공부한 지역 :

✔ 오늘 공부한 사이트 및 유튜브 채널 :

✔ 오늘의 관심 단지 및 시세(아파트명, 매매가, 전세가, 투자금) :

✔ 오늘 알게 된 세금 정보 :

FEBRUARY

14

일시적으로 한 해 정도 몰리는 입주 물량은 리스크가 아닙니다

입주 물량이 줄어들다가 한 해 정도 적정수요보다 많아지는 것이 무조건 리스크는 아닙니다. 공급 물량이 누적되는 것은 리스크지만 한 해 정도 느는 물량은 충분히 수요에 의해 소진될 수 있다는 것을 기억하세요.

| **CHECK** |

✔ 오늘의 긍정 확언 :

✔ 오늘 본 경제 기사 제목(요점, 이슈 등) :

✔ 오늘 공부한 지역 :

✔ 오늘 공부한 사이트 및 유튜브 채널 :

✔ 오늘의 관심 단지 및 시세(아파트명, 매매가, 전세가, 투자금) :

✔ 오늘 알게 된 세금 정보 :

FEBRUARY

15

입주 물량은 플랫폼마다 차이가 나므로 최대한 다양한 곳에서 확인하세요

입주 물량은 플랫폼마다 차이가 날 수 있어요. 그래서 최대한 다양한 플랫폼에서 확인해서 누락되는 물량이 있는지를 확인해야 합니다. 부동산 지인, 아실, 호갱노노, 네이버부동산에서 아파트 분양권을 확인하는 방법으로 입주 물량을 꼼꼼하게 확인하세요.

| CHECK |

✔ 오늘의 긍정 확언 :

✔ 오늘 본 경제 기사 제목(요점, 이슈 등) :

✔ 오늘 공부한 지역 :

✔ 오늘 공부한 사이트 및 유튜브 채널 :

✔ 오늘의 관심 단지 및 시세(아파트명, 매매가, 전세가, 투자금) :

✔ 오늘 알게 된 세금 정보 :

FEBRUARY

16

분양 예정 물량을 확인하세요

분양 예정이거나 입주 날짜가 확정되지 않은 경우는 입주 물량 그래프에 반영되지 않아요. 이런 예비 물량들은 지도를 보면서 위치와 분양일, 입주 날짜가 확정되는지도 수시로 확인하고 정리하세요.

TIP 네이버부동산 〉 분양, 호갱노노 〉 분양, 한국부동산원 〉 타기관통계리스트 〉 공급/재고/기타 〉 주택공급 〉 주택건설인허가실적에서 확인

| **CHECK** |

✔ 오늘의 긍정 확언 :

✔ 오늘 본 경제 기사 제목(요점, 이슈 등) :

✔ 오늘 공부한 지역 :

✔ 오늘 공부한 사이트 및 유튜브 채널 :

✔ 오늘의 관심 단지 및 시세(아파트명, 매매가, 전세가, 투자금) :

✔ 오늘 알게 된 세금 정보 :

FEBRUARY

17

적정 입주 물량은 이렇게 구하세요

한 도시에서 감당할 수 있는 적정한 입주 물량을 '적정수요'라고 합니다. 적정수요는 그 도시의 인구 수에 0.5%를 곱하면 됩니다. 적정수요는 입주 물량의 많고 적음을 알 수 있는 기준이 됩니다. 관심도시의 입주 물량이 적정수요보다 지속적으로 많고 적은지를 잘 살펴보세요.

| **CHECK** |

✔ 오늘의 긍정 확언 :

✔ 오늘 본 경제 기사 제목(요점, 이슈 등) :

✔ 오늘 공부한 지역 :

✔ 오늘 공부한 사이트 및 유튜브 채널 :

✔ 오늘의 관심 단지 및 시세(아파트명, 매매가, 전세가, 투자금) :

✔ 오늘 알게 된 세금 정보 :

FEBRUARY

18

최근 1년 이내 청약경쟁률을 확인하세요

청약경쟁률은 그 도시의 실수요자들이 새 아파트를 분양받고 싶어 하는 수요를 의미합니다. 하락기에는 청약에 대한 수요가 감소하기 때문에 청약경쟁률이 감소합니다. 상승기로 전환되면 수요가 증가하면서 청약경쟁률도 완판이 나고 점점 경쟁률이 높아지게 됩니다.

| **CHECK** |

✔ 오늘의 긍정 확언 :

✔ 오늘 본 경제 기사 제목(요점, 이슈 등) :

✔ 오늘 공부한 지역 :

✔ 오늘 공부한 사이트 및 유튜브 채널 :

✔ 오늘의 관심 단지 및 시세(아파트명, 매매가, 전세가, 투자금) :

✔ 오늘 알게 된 세금 정보 :

FEBRUARY

19

그 도시에 분양하는 단지들이 처음부터 완판되는 건 아닙니다

그 도시가 상승기로 들어서면 입지가 좋은 곳들부터 완판되기 시작합니다. 그리고 점점 더 상승기로 진입하면서 입지가 좋지 않은 곳들도 완판됩니다. 청약경쟁률에도 흐름이 있다는 것을 기억하세요

| **CHECK** |

✔ 오늘의 긍정 확언 :

✔ 오늘 본 경제 기사 제목(요점, 이슈 등) :

✔ 오늘 공부한 지역 :

✔ 오늘 공부한 사이트 및 유튜브 채널 :

✔ 오늘의 관심 단지 및 시세(아파트명, 매매가, 전세가, 투자금) :

✔ 오늘 알게 된 세금 정보 :

FEBRUARY

20

특별공급 청약경쟁률에 관심을 가지세요

특별공급청약은 평생 단 한 번만 당첨이 될 수 있습니다. 그래서 특별공급청약에 지원할 때 정말 신중을 기하게 됩니다. 이 아파트의 특별공급청약에 나의 청약통장을 썼다는 것은 그만큼 상승을 확신한다는 의미입니다. 특별공급 청약경쟁률만 봐도 그 도시의 상승을 예상할 수 있습니다.

TIP 특별공급 청약경쟁률 확인 : 아실 〉 분양

| **CHECK** |

✔ 오늘의 긍정 확언 :

✔ 오늘 본 경제 기사 제목(요점, 이슈 등) :

✔ 오늘 공부한 지역 :

✔ 오늘 공부한 사이트 및 유튜브 채널 :

✔ 오늘의 관심 단지 및 시세(아파트명, 매매가, 전세가, 투자금) :

✔ 오늘 알게 된 세금 정보 :

FEBRUARY

21

실수요자들이 고분양가라고 판단할 때 청약경쟁률이 낮아집니다

청약경쟁률 역시 계속 좋을 수는 없습니다. 상승기로 가는 지역은 청약경쟁률이 점점 더 높아집니다. 하지만 분위기가 좋다고 건설사에서 고분양가로 분양하면 점점 분양가에 거품이 끼었다고 판단한 실수요자들은 더 이상 분양받으려 하지 않습니다. 이로 인해 청약이 미달이 나고 미분양이 증가하면서 하락기로 접어들게 됩니다.

| **CHECK** |

✔ 오늘의 긍정 확언 :

✔ 오늘 본 경제 기사 제목(요점, 이슈 등) :

✔ 오늘 공부한 지역 :

✔ 오늘 공부한 사이트 및 유튜브 채널 :

✔ 오늘의 관심 단지 및 시세(아파트명, 매매가, 전세가, 투자금) :

✔ 오늘 알게 된 세금 정보 :

FEBRUARY

22

매매지수와 전세지수의 상관관계를 이해하세요

전세지수는 임대수요를 알 수 있는 지표입니다. 하락기에서 상승기로 접어들 때는 전세지수부터 상승합니다. 하락을 맛본 실수요자들은 겁이 나서 바로 집을 사지 못합니다. 임대로 살려는 수요가 많기 때문에 전세지수부터 상승합니다. 하지만 전세지수가 매매지수에 근접하면 전세지수가 매매지수를 자극해서, 매매지수가 전세지수를 추월해서 상승하게 됩니다. 매매지수와 전세지수의 상관관계만 알아도 미리 매수 타이밍을 잡을 수 있습니다.

| CHECK |

✔ 오늘의 긍정 확언 :

✔ 오늘 본 경제 기사 제목(요점, 이슈 등) :

✔ 오늘 공부한 지역 :

✔ 오늘 공부한 사이트 및 유튜브 채널 :

✔ 오늘의 관심 단지 및 시세(아파트명, 매매가, 전세가, 투자금) :

✔ 오늘 알게 된 세금 정보 :

FEBRUARY

23

최근 1년 동안 많이 오른 아파트를 체크하세요

최근 2년 이내 상승 전환된 저평가지역들은 상승 초입에는 실수요보다는 투자자들의 거래가 많습니다. 최근 1년 이내 많이 오른 아파트를 보면 투자자들이 어떤 아파트에 투자했는지 알 수 있습니다. 공시가격 1억 이하 아파트나 매매가와 전세가의 갭이 적은 단지들이 주를 이룹니다. 이건 아직 대장도 충분히 상승하지 못했다는 의미이므로 아직 이 도시에 기회가 많음을 알 수 있습니다.

| **CHECK** |

✔ 오늘의 긍정 확언 :

✔ 오늘 본 경제 기사 제목(요점, 이슈 등) :

✔ 오늘 공부한 지역 :

✔ 오늘 공부한 사이트 및 유튜브 채널 :

✔ 오늘의 관심 단지 및 시세(아파트명, 매매가, 전세가, 투자금) :

✔ 오늘 알게 된 세금 정보 :

FEBRUARY

24

거래량을 체크하세요

거래량이 많아지면 매매지수가 상승하고 거래량이 줄어들면 매매지수가 하락합니다. 결국 거래량은 상승과 하락의 선행지표라고 할 수 있습니다. 내가 관심을 두는 도시의 거래량이 어떻게 변해가는지 꼭 관심을 가지세요.

| **CHECK** |

✔ 오늘의 긍정 확언 :

✔ 오늘 본 경제 기사 제목(요점, 이슈 등) :

✔ 오늘 공부한 지역 :

✔ 오늘 공부한 사이트 및 유튜브 채널 :

✔ 오늘의 관심 단지 및 시세(아파트명, 매매가, 전세가, 투자금) :

✔ 오늘 알게 된 세금 정보 :

FEBRUARY

25

거래량은 실거주자, 외지인 투자자의 거래량을 확인하세요

거래량을 볼 때는 매입자별로 실거주자, 서울 투자자, 지방투자자의 거래량을 따로 살펴봐야 합니다. 한 지역이 상승하려면 외지인 투자자의 거래량만으로는 상승할 수 없고 결국 실수요자의 거래량이 많아져야 한다는 것을 확인할 수 있습니다.

TIP 한국부동산원 〉 부동산거래현황 〉 아파트매매거래현황 〉 연도별 세부항목 또는 부동산지인 〉 지역분석 〉 멀티차트현황 〉 거래량 〉 매입자 거주지별 거래량

| CHECK |

✔ 오늘의 긍정 확언 :

✔ 오늘 본 경제 기사 제목(요점, 이슈 등) :

✔ 오늘 공부한 지역 :

✔ 오늘 공부한 사이트 및 유튜브 채널 :

✔ 오늘의 관심 단지 및 시세(아파트명, 매매가, 전세가, 투자금) :

✔ 오늘 알게 된 세금 정보 :

FEBRUARY

26

상위도시와의 비율 변화를 알면 현재 이 도시의 저평가 여부를 알 수 있어요

한 도시가 얼마나 저평가되었는지를 알려면 인접한 상위도시와의 비율을 2년 전, 1년 전, 현재로 비교하면 됩니다. 경남권을 예로 들면 가장 상위도시인 창원을 기준 100%로 보고 김해, 양산, 진주, 거제의 비율 변화를 보는 것입니다. 만약 현재 이 도시가 2년 전 비율에도 미치지 못하고 있다면 정말 저평가라고 할 수 있습니다.

| **CHECK** |

✔ 오늘의 긍정 확언 :

✔ 오늘 본 경제 기사 제목(요점, 이슈 등) :

✔ 오늘 공부한 지역 :

✔ 오늘 공부한 사이트 및 유튜브 채널 :

✔ 오늘의 관심 단지 및 시세(아파트명, 매매가, 전세가, 투자금) :

✔ 오늘 알게 된 세금 정보 :

FEBRUARY

27

랜드마크 아파트를 비교하세요

랜드마크 아파트는 그 도시를 대표하는 대장 아파트입니다. 그 도시에서 가장 비싼 아파트라고 할 수 있어요. 상승 흐름은 대장 아파트에서부터 옵니다. 광역시는 광역시끼리, 소도시는 소도시끼리 비교해보세요. 이 과정을 통해 가격적으로 정말 저평가된 도시를 찾을 수 있습니다.

| **CHECK** |

✔ 오늘의 긍정 확언 :

✔ 오늘 본 경제 기사 제목(요점, 이슈 등) :

✔ 오늘 공부한 지역 :

✔ 오늘 공부한 사이트 및 유튜브 채널 :

✔ 오늘의 관심 단지 및 시세(아파트명, 매매가, 전세가, 투자금) :

✔ 오늘 알게 된 세금 정보 :

랜드마크아파트는 이렇게 찾으세요

랜드마크 아파트는 '아실 〉 순위 분석 〉 지역선정 〉 31~35평대'로 정하고 조회해보세요. 제일 가격이 비싼 순으로 보면서 5년차 이내의 신축으로 정해서 비교해보세요. 두 번째는 '부동산지인 〉 아파트분석 〉 지역선정'에서 면적을 31~37평대로 정해서 평당가순으로 정렬하세요. 평당가가 제일 비싼 아파트로 정하면 됩니다.

| **CHECK** |

✔ 오늘의 긍정 확언 :

✔ 오늘 본 경제 기사 제목(요점, 이슈 등) :

✔ 오늘 공부한 지역 :

✔ 오늘 공부한 사이트 및 유튜브 채널 :

✔ 오늘의 관심 단지 및 시세(아파트명, 매매가, 전세가, 투자금) :

✔ 오늘 알게 된 세금 정보 :

3

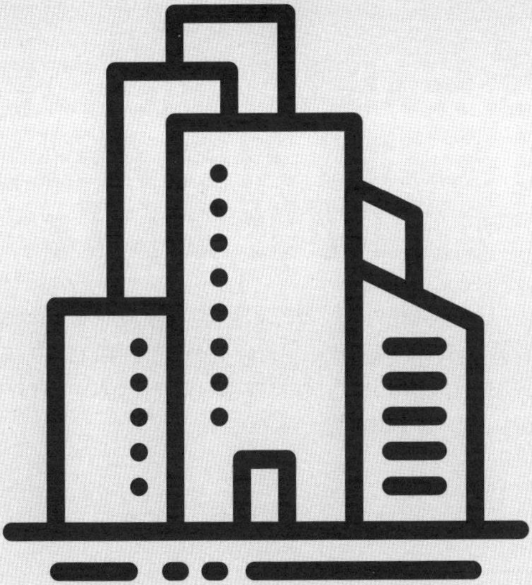

MARCH

입지 분석은 이렇게 하세요

MARCH

1

한 도시를 이해하려면 그 도시에 사는 사람을 이해해야 합니다

도시는 사람으로 이루어집니다. 따라서 한 도시를 제대로 이해하려면 그곳에 사는 사람을 이해하면 됩니다. 임장을 가서 단 하루라도 그 도시의 주민처럼 살아보세요. 조금이라도 그 도시가 친숙해질 겁니다. 지역분석의 시작은 사람이라는 것을 잊지 마세요.

| CHECK |

✔ 오늘의 긍정 확언 :

✔ 오늘 본 경제 기사 제목(요점, 이슈 등) :

✔ 오늘 공부한 지역 :

✔ 오늘 공부한 사이트 및 유튜브 채널 :

✔ 오늘의 관심 단지 및 시세(아파트명, 매매가, 전세가, 투자금) :

✔ 오늘 알게 된 세금 정보 :

MARCH

2

한 도시의 과거는 이렇게 확인하세요

한 도시를 이해하려면 과거부터 그 도시가 어떻게 성장해왔는지를 알아야 합니다. 키워드 검색을 통해 그 도시의 과거의 모습을 찾아볼 수 있습니다. '온고지신'이라는 말이 있듯이 과거를 제대로 이해해야 현재와 미래를 제대로 볼 수 있습니다.

TIP 도시의 역사를 알 수 있는 사이트 : 나무위키, 위키백과

| **CHECK** |

✔ 오늘의 긍정 확언 :

✔ 오늘 본 경제 기사 제목(요점, 이슈 등) :

✔ 오늘 공부한 지역 :

✔ 오늘 공부한 사이트 및 유튜브 채널 :

✔ 오늘의 관심 단지 및 시세(아파트명, 매매가, 전세가, 투자금) :

✔ 오늘 알게 된 세금 정보 :

MARCH

3

지적편집도로 상권 밀집지역, 주거 밀집지역, 일자리 밀집지역을 확인하세요

모르는 도시를 처음 지도에서 볼 땐 지적편집도로 보세요. 지적편집도에는 주거지역, 관리지역, 상업지역, 공업지역 등이 색깔별로 표시되어 있습니다. 상업지역이 어디에 밀집되어 있는지, 공업지역은 어디에 몰려 있는지 찾아 보세요. 그게 바로 입지입니다.

| CHECK |

✔ 오늘의 긍정 확언 :

✔ 오늘 본 경제 기사 제목(요점, 이슈 등) :

✔ 오늘 공부한 지역 :

✔ 오늘 공부한 사이트 및 유튜브 채널 :

✔ 오늘의 관심 단지 및 시세(아파트명, 매매가, 전세가, 투자금) :

✔ 오늘 알게 된 세금 정보 :

MARCH

4

그 도시에서 가장 비싼 구(동)를 기준으로 2년간의 적정비율 변화를 보세요

한 도시 내에서도 입지의 순서에 따라 상승의 흐름이 다릅니다. 제일 입지가 좋은 구(동)을 기준으로 다른 구(동)의 2년간의 적정비율을 비교해보세요. 아직 2년 전 적정비율도 회복하지 못한 곳들은 정말 저평가되었다고 할 수 있습니다.

| CHECK |

✔ 오늘의 긍정 확언 :

✔ 오늘 본 경제 기사 제목(요점, 이슈 등) :

✔ 오늘 공부한 지역 :

✔ 오늘 공부한 사이트 및 유튜브 채널 :

✔ 오늘의 관심 단지 및 시세(아파트명, 매매가, 전세가, 투자금) :

✔ 오늘 알게 된 세금 정보 :

MARCH

5

평균의 오류에 빠지지 마세요

한 도시의 입지순서를 정할 때 평균의 오류를 조심해야 합니다. 평균 평당가가 높다고 제일 입지가 좋은 곳은 아닙니다. 구축이 많은 곳은 평균 평당가가 낮게 나올 수 있기 때문입니다. 반대로 신축이 많은 곳은 입지가 그렇게 좋지 않음에도 평균 평당가가 높게 나올 수 있습니다. 그래서 꼭 구(동)별 가장 비싼 아파트의 평당가인 최고평당가와 비교해야 합니다.

TIP 최고 평당가 확인 : 부동산지인 〉 아파트분석 〉 31~37평 검색 〉 평당가순으로 검색

TIP 평균 평당가 확인 : 부동산지인 〉 빅데이터지도 〉 시세

| **CHECK** |

✔ 오늘의 긍정 확언 :

✔ 오늘 본 경제 기사 제목(요점, 이슈 등) :

✔ 오늘 공부한 지역 :

✔ 오늘 공부한 사이트 및 유튜브 채널 :

✔ 오늘의 관심 단지 및 시세(아파트명, 매매가, 전세가, 투자금) :

✔ 오늘 알게 된 세금 정보 :

MARCH

6

1군, 1.5군, 2군을 나누는 기준은 이렇습니다

도시의 급지를 정하는 기준은 최고평당가입니다. 그 도시에서 가장 비싼 대장 아파트의 평당가를 기준으로 상위 15%까지는 1군, 30%까지 1.5군, 50%까지 2군입니다. 2군 이하는 그 도시 내에서도 수요가 떨어지는 곳이기 때문에 웬만하면 검토하지 않습니다. 가격만 알아도 이렇게 대략적인 입지를 나눌 수 있습니다.

| CHECK |

✔ 오늘의 긍정 확언 :

✔ 오늘 본 경제 기사 제목(요점, 이슈 등) :

✔ 오늘 공부한 지역 :

✔ 오늘 공부한 사이트 및 유튜브 채널 :

✔ 오늘의 관심 단지 및 시세(아파트명, 매매가, 전세가, 투자금) :

✔ 오늘 알게 된 세금 정보 :

MARCH

7

중학교 학군은 이래서 중요합니다

중학교 학군은 도시마다 차이가 있지만 '선지원 근거리 배정'인 경우가 많습니다. 그렇다 보니 아이를 원하는 중학교에 보내기 위해 부모들은 그 중학교 인근 아파트로 이사가려고 합니다. 원하는 중학교 인근에 있는 초등학교로 미리 전학을 가기도 합니다. 좋은 중학교가 있는 곳 주변의 아파트에 관심을 가지세요.

| CHECK |

✔ 오늘의 긍정 확언 :

✔ 오늘 본 경제 기사 제목(요점, 이슈 등) :

✔ 오늘 공부한 지역 :

✔ 오늘 공부한 사이트 및 유튜브 채널 :

✔ 오늘의 관심 단지 및 시세(아파트명, 매매가, 전세가, 투자금) :

✔ 오늘 알게 된 세금 정보 :

MARCH

8

학업성취도 평가가 아닌 특목고 진학률로 확인하세요

학업성취도 평가는 2016년에 종료되었습니다. 그래서 중학교 학군은 특목고 진학률, 고등학교 학군은 대학교 진학률로 보는 게 좋습니다. 지도에서 직접 중학교와 고등학교의 위치를 확인하면서 어디에 좋은 학교들이 몰려 있는지 잘 살펴보세요.

TIP 학군 확인 : 아실 〉 학군 〉 중학교 또는 고등학교 선택 〉 진학률순 선택

| **CHECK** |

✔ 오늘의 긍정 확언 :

✔ 오늘 본 경제 기사 제목(요점, 이슈 등) :

✔ 오늘 공부한 지역 :

✔ 오늘 공부한 사이트 및 유튜브 채널 :

✔ 오늘의 관심 단지 및 시세(아파트명, 매매가, 전세가, 투자금) :

✔ 오늘 알게 된 세금 정보 :

MARCH

9

입지의 요소들도 지역마다 경중이 다릅니다

입지의 요소는 교통, 일자리, 상권, 학군, 학원가, 자연환경으로 이루어집니다. 입지의 요소들은 지역마다 영향을 주는 경중이 다릅니다. 어떤 도시는 교통이 더 중요하고 어떤 도시는 학군을 더 중요하게 생각합니다. 각 도시의 특성을 알면 입지 분석을 제대로 이해할 수 있습니다.

| **CHECK** |

✔ 오늘의 긍정 확언 :

✔ 오늘 본 경제 기사 제목(요점, 이슈 등) :

✔ 오늘 공부한 지역 :

✔ 오늘 공부한 사이트 및 유튜브 채널 :

✔ 오늘의 관심 단지 및 시세(아파트명, 매매가, 전세가, 투자금) :

✔ 오늘 알게 된 세금 정보 :

MARCH

10

서울 · 수도권은 교통, 일자리가 더 중요합니다

서울 · 수도권은 지방에 비해 상대적으로 교통과 일자리가 더 중요합니다. 주요 일자리가 서울 강남에 밀집이 되어 있기 때문에 강남으로 이동할 수 있는 교통이 있거나 교통이 들어설 곳이 수요가 많습니다. 교통 호재에도 관심을 가지세요.

| **CHECK** |

✔ 오늘의 긍정 확언 :

✔ 오늘 본 경제 기사 제목(요점, 이슈 등) :

✔ 오늘 공부한 지역 :

✔ 오늘 공부한 사이트 및 유튜브 채널 :

✔ 오늘의 관심 단지 및 시세(아파트명, 매매가, 전세가, 투자금) :

✔ 오늘 알게 된 세금 정보 :

MARCH

11

지방 광역시는 학군이 더 중요합니다

지방 광역시는 자급자족의 형태를 띠고 도시 내에서 자차로 일자리까지 이동하는 데 1시간이 채 걸리지 않아요. 그렇다 보니 교통과 일자리보다 학군에 대한 수요가 더 강합니다. 따라서 지방 광역시는 학군이 좋은 곳에 관심을 가지세요.

| **CHECK** |

✔ 오늘의 긍정 확언 :

✔ 오늘 본 경제 기사 제목(요점, 이슈 등) :

✔ 오늘 공부한 지역 :

✔ 오늘 공부한 사이트 및 유튜브 채널 :

✔ 오늘의 관심 단지 및 시세(아파트명, 매매가, 전세가, 투자금) :

✔ 오늘 알게 된 세금 정보 :

MARCH

12

소도시는 상권, 학원가가 더 중요합니다

인구수가 100만 명 미만인 소도시의 경우 상권과 학원가가 더 중요합니다. 고등학교의 경우 평준화 제도를 선택한 곳이 많습니다. 고교평준화는 추첨을 통해 학교를 배정하는 방식입니다. 그렇다 보니 상권, 학원가가 밀집된 곳에 살고 싶어 하는 수요가 많습니다.

| CHECK |

✔ 오늘의 긍정 확언 :

✔ 오늘 본 경제 기사 제목(요점, 이슈 등) :

✔ 오늘 공부한 지역 :

✔ 오늘 공부한 사이트 및 유튜브 채널 :

✔ 오늘의 관심 단지 및 시세(아파트명, 매매가, 전세가, 투자금) :

✔ 오늘 알게 된 세금 정보 :

MARCH

13

소도시에서는 직주근접이라고 좋은 건 아닙니다

소도시의 경우는 도시가 작기 때문에 일자리로 이동하는 시간이 더 짧습니다. 일자리의 경우 산업단지가 주를 이루기 때문에 직주근접보다는 직장과 떨어져 있더라도 쾌적한 곳에 살고 싶어 하는 수요가 많습니다.

| **CHECK** |

✔ 오늘의 긍정 확언 :

✔ 오늘 본 경제 기사 제목(요점, 이슈 등) :

✔ 오늘 공부한 지역 :

✔ 오늘 공부한 사이트 및 유튜브 채널 :

✔ 오늘의 관심 단지 및 시세(아파트명, 매매가, 전세가, 투자금) :

✔ 오늘 알게 된 세금 정보 :

MARCH

14

철도, 지하철에 대한 호재는 이렇게 확인하세요

교통에 대한 호재에 관심을 많이 가지세요. 특히 일자리가 밀집된 지역으로 이어주는 교통 노선은 그 지역에 강력한 호재로 작용합니다. 지역별, 개통 시기별로 어떤 교통 호재가 있는지 자주 확인하세요. 확정된 호재는 점점 단계가 진행되고 가시화될수록 수요에 영향을 준다는 것을 잊지 마세요.

TIP 신설 예정 철도 및 지하철, 경전철 정보 확인 : '미래철도 DB' 홈페이지

| **CHECK** |

✔ 오늘의 긍정 확언 :

✔ 오늘 본 경제 기사 제목(요점, 이슈 등) :

✔ 오늘 공부한 지역 :

✔ 오늘 공부한 사이트 및 유튜브 채널 :

✔ 오늘의 관심 단지 및 시세(아파트명, 매매가, 전세가, 투자금) :

✔ 오늘 알게 된 세금 정보 :

MARCH

15

그 지역의 평균소득을 확인하세요

평균소득이 높다고 해서 그 지역이 무조건 투자하기 좋은 지역은 아닙니다. 하지만 아무래도 평균소득이 높은 곳은 좋은 일자리가 있을 가능성이 큰 곳입니다. 좋은 일자리는 그 지역의 경기에 긍정적인 영향을 줍니다. 관심지역의 평균소득이 높은 동네가 어디인지 어떤 일자리가 있는지 찾아보세요.

TIP 평균소득 확인 : 부동산지인 〉 빅데이터지도 〉 경제 〉 법인사업체 〉 평균소득

| **CHECK** |

✔ 오늘의 긍정 확언 :

✔ 오늘 본 경제 기사 제목(요점, 이슈 등) :

✔ 오늘 공부한 지역 :

✔ 오늘 공부한 사이트 및 유튜브 채널 :

✔ 오늘의 관심 단지 및 시세(아파트명, 매매가, 전세가, 투자금) :

✔ 오늘 알게 된 세금 정보 :

MARCH

16

일자리는 이렇게 확인하세요

일자리 정보는 각 도시의 시청 홈페이지에서 확인할 수 있어요. 지방의 일자리는 산업단지가 주를 이루기 때문에 구체적으로 어떤 산업단지들이 어디에 위치하고 가동률은 얼마나 되는지, 생산액 등을 확인하면 됩니다.

TIP 산업단지정보 확인 : '한국산업단지공단' 홈페이지 〉 정보공개 〉 산업단지 정보

| CHECK |

✔ 오늘의 긍정 확언 :

✔ 오늘 본 경제 기사 제목(요점, 이슈 등) :

✔ 오늘 공부한 지역 :

✔ 오늘 공부한 사이트 및 유튜브 채널 :

✔ 오늘의 관심 단지 및 시세(아파트명, 매매가, 전세가, 투자금) :

✔ 오늘 알게 된 세금 정보 :

MARCH

17

상권 밀집 지역은 이렇게 확인하세요

상권은 개수가 많다고 좋은 것은 아닙니다. 개수가 많더라도 흩어져 있는 상권은 이용하기도 불편하고 수요가 분산됩니다. 개수는 적더라도 밀집된 곳은 항아리 형태를 띠면서 수요가 몰려들게 됩니다. 그런 상권이 어디인지를 잘 찾아보세요.

TIP 상권 확인 : 호갱노노 〉상권

| CHECK |

✔ 오늘의 긍정 확언 :

✔ 오늘 본 경제 기사 제목(요점, 이슈 등) :

✔ 오늘 공부한 지역 :

✔ 오늘 공부한 사이트 및 유튜브 채널 :

✔ 오늘의 관심 단지 및 시세(아파트명, 매매가, 전세가, 투자금) :

✔ 오늘 알게 된 세금 정보 :

MARCH

18

학원가 밀집 지역의 대형 평형에 관심을 가지세요

학령기 자녀가 있는 가정의 경우 학원가가 잘되어 있는 곳에서 자녀들이 고등학교 졸업할 때까지 키우고 싶어 합니다. 그렇다 보니 아파트의 가격이 상대적으로 저렴한 소도시의 경우 학원가 밀집 지역의 대형 평형에 대한 니즈가 강합니다. 이런 곳에 관심을 가지세요.

TIP 학원가 확인 : 호갱노노 〉 학원가

| **CHECK** |

✔ 오늘의 긍정 확언 :

✔ 오늘 본 경제 기사 제목(요점, 이슈 등) :

✔ 오늘 공부한 지역 :

✔ 오늘 공부한 사이트 및 유튜브 채널 :

✔ 오늘의 관심 단지 및 시세(아파트명, 매매가, 전세가, 투자금) :

✔ 오늘 알게 된 세금 정보 :

MARCH

19

대형상권, 대형병원, 관공서가 있는 곳에 관심을 가지세요

지도를 보면서 이 도시에 백화점, 쇼핑몰과 같은 대형상권이 있는지, 응급실이 있는 대형병원이 있는지, 시청도청, 법원과 같은 관공서가 있는지를 살펴보세요. 이런 곳들은 확실한 수요층이 있는 곳입니다.

TIP 대형 상권 확인 : 카카오맵, 네이버지도 활용

| **CHECK** |

✔ 오늘의 긍정 확언 :

✔ 오늘 본 경제 기사 제목(요점, 이슈 등) :

✔ 오늘 공부한 지역 :

✔ 오늘 공부한 사이트 및 유튜브 채널 :

✔ 오늘의 관심 단지 및 시세(아파트명, 매매가, 전세가, 투자금) :

✔ 오늘 알게 된 세금 정보 :

MARCH

20

아파트 밀집 지역에 있는 공원을 보세요

자연환경만 좋다고 선호되지는 않습니다. 자연환경은 상권, 학군, 학원가, 교통, 일자리와 같이 다른 입지의 요소들이 좋을 때 시너지를 발휘합니다. 덩그러니 공원 하나만 있는 곳이 아니라 아파트 밀집 지역에 있는 공원이 활용도가 높습니다. 그런 공원이 어디에 있는지 지도로 찾아보세요.

| CHECK |

✔ 오늘의 긍정 확언 :

✔ 오늘 본 경제 기사 제목(요점, 이슈 등) :

✔ 오늘 공부한 지역 :

✔ 오늘 공부한 사이트 및 유튜브 채널 :

✔ 오늘의 관심 단지 및 시세(아파트명, 매매가, 전세가, 투자금) :

✔ 오늘 알게 된 세금 정보 :

MARCH

21

키워드 검색을 해보세요

모든 입지의 요소들이 데이터화되어 있는 건 아닙니다. 데이터로 제공되지 않은 것은 키워드 검색으로 크로스체크를 해야 합니다. '○○도시 일자리, ○○도시 대기업, ○○도시 개발 호재, ○○도시 교통 호재' 등으로 키워드 검색을 해보세요.

| CHECK |

✔ 오늘의 긍정 확언 :

✔ 오늘 본 경제 기사 제목(요점, 이슈 등) :

✔ 오늘 공부한 지역 :

✔ 오늘 공부한 사이트 및 유튜브 채널 :

✔ 오늘의 관심 단지 및 시세(아파트명, 매매가, 전세가, 투자금) :

✔ 오늘 알게 된 세금 정보 :

MARCH

22

매주 하루를 정해서 전화 임장을 해보세요

전화 임장을 통해 현장의 분위기를 바로 알 수 있습니다. 데이터보다 현장이 훨씬 흐름이 빠르기 때문에 최소 일주일에 하루는 전화 임장을 해보세요. 늘 우리의 귀는 현장을 향해 열려 있어야 합니다.

| **CHECK** |

✔ 오늘의 긍정 확언 :

✔ 오늘 본 경제 기사 제목(요점, 이슈 등) :

✔ 오늘 공부한 지역 :

✔ 오늘 공부한 사이트 및 유튜브 채널 :

✔ 오늘의 관심 단지 및 시세(아파트명, 매매가, 전세가, 투자금) :

✔ 오늘 알게 된 세금 정보 :

MARCH

23

역할을 바꿔가며 전화 임장 하세요

전화 임장을 할 땐 매도자, 매수자, 세입자인 척 역할을 바꿔가며 해보세요. 그렇게 해야 객관적인 정보를 얻을 수 있습니다. 매도자에게는 집을 싸게 팔라고 하고 매수자에게는 비싸게 사라고 하는 경우도 많기 때문에 꼭 역할을 바꿔가며 전화 임장을 하세요.

| **CHECK** |

✔ 오늘의 긍정 확언 :

✔ 오늘 본 경제 기사 제목(요점, 이슈 등) :

✔ 오늘 공부한 지역 :

✔ 오늘 공부한 사이트 및 유튜브 채널 :

✔ 오늘의 관심 단지 및 시세(아파트명, 매매가, 전세가, 투자금) :

✔ 오늘 알게 된 세금 정보 :

MARCH

24

현장 임장을 할 때는 아파트 주변부터 보세요

아파트 주변이 바로 입지입니다. 아파트 안이 아니라 밖이 더 중요합니다. 주변의 상권, 학원가, 학군, 교통, 일자리가 어떤지 직접 걸으면서 봐야 입지를 제대로 이해할 수 있습니다.

| **CHECK** |

✔ 오늘의 긍정 확언 :

✔ 오늘 본 경제 기사 제목(요점, 이슈 등) :

✔ 오늘 공부한 지역 :

✔ 오늘 공부한 사이트 및 유튜브 채널 :

✔ 오늘의 관심 단지 및 시세(아파트명, 매매가, 전세가, 투자금) :

✔ 오늘 알게 된 세금 정보 :

MARCH

25

현장 임장은 투자 전 최소 3번은 가보세요

저는 이 지역에 투자를 할 것이라면 최소 임장을 3번은 가야 한다고 생각해요. 한 번만으로는 제대로 그 지역을 이해할 수 없습니다. 적어도 3번은 가야 그 지역이 친숙해집니다. 친숙해야 좋은 투자처를 찾을 수 있습니다.

| **CHECK** |

✔ 오늘의 긍정 확언 :

✔ 오늘 본 경제 기사 제목(요점, 이슈 등) :

✔ 오늘 공부한 지역 :

✔ 오늘 공부한 사이트 및 유튜브 채널 :

✔ 오늘의 관심 단지 및 시세(아파트명, 매매가, 전세가, 투자금) :

✔ 오늘 알게 된 세금 정보 :

MARCH

26

현장 임장의 1단계는 이렇습니다

차를 타고 그 도시의 전체적인 느낌을 보세요. 1군, 1.5군, 2군의 대장 아파트 정도만 보면서 전체적인 그림을 본다고 생각하면 좋습니다. 그 도시의 전체 모습을 알아야 입지를 제대로 이해할 수 있습니다.

| CHECK |

✔ 오늘의 긍정 확언 :

✔ 오늘 본 경제 기사 제목(요점, 이슈 등) :

✔ 오늘 공부한 지역 :

✔ 오늘 공부한 사이트 및 유튜브 채널 :

✔ 오늘의 관심 단지 및 시세(아파트명, 매매가, 전세가, 투자금) :

✔ 오늘 알게 된 세금 정보 :

MARCH

27

현장 임장의 2단계는 이렇습니다

손품을 팔아 알게 된 관심 단지를 직접 가봅니다. 걸으면서 입지를 직접 느껴봅니다. 미리 예약을 해둔 부동산에 들러서 단지에 대한 정보를 듣습니다. 어느 정도 도시에 대한 이해가 있어야 공인중개사에게서 양질의 정보를 얻을 수 있습니다.

| CHECK |

✔ 오늘의 긍정 확언 :

✔ 오늘 본 경제 기사 제목(요점, 이슈 등) :

✔ 오늘 공부한 지역 :

✔ 오늘 공부한 사이트 및 유튜브 채널 :

✔ 오늘의 관심 단지 및 시세(아파트명, 매매가, 전세가, 투자금) :

✔ 오늘 알게 된 세금 정보 :

MARCH

28

현장 임장의 3단계는 이렇습니다

이제는 최종적으로 1개의 투자처를 정합니다. 네이버부동산을 통해 매물을 전수조사합니다. 이 과정을 통해 훨씬 좋은 조건임에도 저렴하게 나온 매물을 찾을 수 있습니다. 그리고 매물을 가진 부동산에 미리 연락해 집을 보겠다고 예약합니다. 직접 매물을 보고 최종 결정합니다.

| **CHECK** |

✔ 오늘의 긍정 확언 :

✔ 오늘 본 경제 기사 제목(요점, 이슈 등) :

✔ 오늘 공부한 지역 :

✔ 오늘 공부한 사이트 및 유튜브 채널 :

✔ 오늘의 관심 단지 및 시세(아파트명, 매매가, 전세가, 투자금) :

✔ 오늘 알게 된 세금 정보 :

MARCH

29

부동산중개소에 들어가기 전 마인드 컨트롤을 하세요

부동산 초보인 경우 부동산중개소에 들어가는 것을 꺼려하는 경우가 많습니다. 그럴 땐 주머니에 손을 넣고 나는 정말 이 아파트를 살 사람만큼 돈을 가지고 있다고 주문을 외워보세요. 그리고 당당하게 부동산 사무실로 걸어 들어가세요. 내가 나를 믿어야 상대방도 나를 믿을 수 있습니다.

| CHECK |

✔ 오늘의 긍정 확언 :

✔ 오늘 본 경제 기사 제목(요점, 이슈 등) :

✔ 오늘 공부한 지역 :

✔ 오늘 공부한 사이트 및 유튜브 채널 :

✔ 오늘의 관심 단지 및 시세(아파트명, 매매가, 전세가, 투자금) :

✔ 오늘 알게 된 세금 정보 :

MARCH

30

현장 임장 동선은 이렇게 짜보세요

첫 번째 방법은 그 도시의 1등인 곳부터 보는 겁니다. 이렇게 가격 차이가 나는 곳을 순차적으로 보면 입지의 차이를 확실히 비교해볼 수 있습니다. 하지만 이 방식은 시간이 오래 소요될 수 있습니다. 두 번째는 그 도시의 가장 안쪽에서부터 하나씩 보면서 빠져나오는 방법입니다. 이렇게 하면 시간을 적게 들이면서 더 많은 곳을 볼 수 있습니다.

| CHECK |

✔ 오늘의 긍정 확언 :

✔ 오늘 본 경제 기사 제목(요점, 이슈 등) :

✔ 오늘 공부한 지역 :

✔ 오늘 공부한 사이트 및 유튜브 채널 :

✔ 오늘의 관심 단지 및 시세(아파트명, 매매가, 전세가, 투자금) :

✔ 오늘 알게 된 세금 정보 :

MARCH

31

임장한 당일에 꼭 정리하세요

임장을 할 때 사진을 최대한 많이 찍으세요. 정보를 바로 남기고 싶다면 네이버 클로바 앱을 활용해보세요. 녹음한 음성을 바로 텍스트로 전환해서 저장할 수 있습니다. 임장 정보는 임장을 다녀온 당일에 정리하세요. 에버노트 앱이나 블로그, 카페 등에 임장 후기를 남겨보세요. 분명 그것을 필요로 하는 사람들이 있을 거예요. 이것이 생산자로서의 삶의 시작이 될 것입니다.

| **CHECK** |

✔ 오늘의 긍정 확언 :

✔ 오늘 본 경제 기사 제목(요점, 이슈 등) :

✔ 오늘 공부한 지역 :

✔ 오늘 공부한 사이트 및 유튜브 채널 :

✔ 오늘의 관심 단지 및 시세(아파트명, 매매가, 전세가, 투자금) :

✔ 오늘 알게 된 세금 정보 :

4

APRIL

저평가된 유망 투자처는 이렇게 찾아보세요

APRIL

1

평당가가 높은 단지부터 보세요

평당가에는 입지와 수요가 반영됩니다. 내가 살고 싶은 아파트에는 다른 사람들도 돈을 더 주고서라도 사고 싶어 합니다. 그래서 평당가가 높은 단지부터 고려하면 좋은 아파트를 찾을 수 있습니다.

| CHECK |

✔ 오늘의 긍정 확언 :

✔ 오늘 본 경제 기사 제목(요점, 이슈 등) :

✔ 오늘 공부한 지역 :

✔ 오늘 공부한 사이트 및 유튜브 채널 :

✔ 오늘의 관심 단지 및 시세(아파트명, 매매가, 전세가, 투자금) :

✔ 오늘 알게 된 세금 정보 :

APRIL

2

평당가 높은 단지와 낮은 단지를 최대한 많이 비교해보세요

모든 아파트가 한 번에 오르는 건 아니에요. 평당가가 높은 수요가 많은 아파트부터 오릅니다. 평당가 높은 단지와 낮은 단지를 그래프로 비교하면 아직 상승 흐름이 오지 않은 저평가 아파트를 찾을 수 있습니다. 최대한 많은 아파트를 비교해보세요.

TIP 아파트 비교 : 부동산지인 〉 아파트분석 〉 해당단지 선택 〉 아파트비교하기

| **CHECK** |

✔ 오늘의 긍정 확언 :

✔ 오늘 본 경제 기사 제목(요점, 이슈 등) :

✔ 오늘 공부한 지역 :

✔ 오늘 공부한 사이트 및 유튜브 채널 :

✔ 오늘의 관심 단지 및 시세(아파트명, 매매가, 전세가, 투자금) :

✔ 오늘 알게 된 세금 정보 :

APRIL

3

내가 찾은 아파트를 지도에 표시해보세요

비교하는 아파트들을 지도에 표시하고 2년간의 상승률을 적어보세요. 2년간의 상승률을 보는 이유는 저평가 지역은 최근 2년 이내 상승 전환이 되었기 때문에 그 기간 동안 상승 초입에 얼마 정도 상승했는지 확인하기 위함입니다. 상승의 흐름이 어디에서 어디로 가고 있는지 내 눈으로 꼭 확인하세요.

| **CHECK** |

✔ 오늘의 긍정 확언 :

✔ 오늘 본 경제 기사 제목(요점, 이슈 등) :

✔ 오늘 공부한 지역 :

✔ 오늘 공부한 사이트 및 유튜브 채널 :

✔ 오늘의 관심 단지 및 시세(아파트명, 매매가, 전세가, 투자금) :

✔ 오늘 알게 된 세금 정보 :

APRIL

4

상위 30%의 아파트를 보세요

한 도시의 구별 또는 동별 30% 아파트는 가장 수요가 많은 아파트입니다. 저평가된 유망 아파트를 찾아야 실패하지 않는 투자를 할 수 있습니다. 상위 30%는 그 도시의 최고 평당가에 70%를 곱한 것까지입니다. 부동산지인 〉 아파트분석에서 30평대 아파트를 기준으로 찾아서 1년간의 최고 실거래가 기준으로 상승률을 정리해보세요.

TIP 평당가 확인 : 부동산지인 〉 아파트분석 〉 면적 31~37평 설정 〉 평당으로 정렬

| **CHECK** |

✔ 오늘의 긍정 확언 :

✔ 오늘 본 경제 기사 제목(요점, 이슈 등) :

✔ 오늘 공부한 지역 :

✔ 오늘 공부한 사이트 및 유튜브 채널 :

✔ 오늘의 관심 단지 및 시세(아파트명, 매매가, 전세가, 투자금) :

✔ 오늘 알게 된 세금 정보 :

APRIL

5

나만의 평당가 트리를 직접 만들어보세요

평당가 트리는 한 도시의 아파트를 평당가순으로 정렬한 것을 말합니다. 눈으로 보기만 하는 것보다 직접 내 손으로 정리하면서 머릿속에 그 도시의 아파트들을 모두 담을 수 있습니다. 오늘부터 엑셀에 나만의 평당가 트리를 만들어보세요.

| **CHECK** |

✔ 오늘의 긍정 확인 :

✔ 오늘 본 경제 기사 제목(요점, 이슈 등) :

✔ 오늘 공부한 지역 :

✔ 오늘 공부한 사이트 및 유튜브 채널 :

✔ 오늘의 관심 단지 및 시세(아파트명, 매매가, 전세가, 투자금) :

✔ 오늘 알게 된 세금 정보 :

APRIL

6

소도시는 상위 40% 정도까지 검토하세요

대도시의 경우는 각 구의 대장 아파트의 평당가를 기준으로 구별 상위 30%까지 검토하는 것이 적당합니다. 하지만 소도시의 경우는 도시가 작기 때문에 소도시 대장 아파트의 평당가를 기준으로 상위 40%까지 검토하는 것이 좋습니다.

| CHECK |

✔ 오늘의 긍정 확언 :

✔ 오늘 본 경제 기사 제목(요점, 이슈 등) :

✔ 오늘 공부한 지역 :

✔ 오늘 공부한 사이트 및 유튜브 채널 :

✔ 오늘의 관심 단지 및 시세(아파트명, 매매가, 전세가, 투자금) :

✔ 오늘 알게 된 세금 정보 :

APRIL

7

걸어서 5분 거리에 있는 친구 아파트를 찾으세요

친구 아파트란 걸어서 5분 거리에 있는 아파트를 말합니다. 이렇게 같은 생활권 내의 아파트라고 해도 똑같이 상승하는 것은 아닙니다. 상승의 흐름에 차이가 있어요. 결국 나중에 오르는 단지는 먼저 오른 단지와 갭 메우기를 합니다. 아직 덜 오른 친구 아파트에 관심을 가지세요.

| **CHECK** |

✔ 오늘의 긍정 확언 :

✔ 오늘 본 경제 기사 제목(요점, 이슈 등) :

✔ 오늘 공부한 지역 :

✔ 오늘 공부한 사이트 및 유튜브 채널 :

✔ 오늘의 관심 단지 및 시세(아파트명, 매매가, 전세가, 투자금) :

✔ 오늘 알게 된 세금 정보 :

APRIL

8

분양권의 프리미엄을 확인하세요

분양권에 프리미엄이 붙는다는 것은 수요가 있다는 방증입니다. 프리미엄이 비싸다고 주저하지 마세요. 분양권은 분양가에 프리미엄이 붙은 가격을 주변 신축 단지와 비교해서 저렴하다면 충분히 검토할 수 있습니다. 입주하고 매물이 잠기면 결국 주변 신축 단지보다 상품성이 좋기 때문에 그 이상 상승해나갈 것입니다.

| CHECK |

✔ 오늘의 긍정 확언 :

✔ 오늘 본 경제 기사 제목(요점, 이슈 등) :

✔ 오늘 공부한 지역 :

✔ 오늘 공부한 사이트 및 유튜브 채널 :

✔ 오늘의 관심 단지 및 시세(아파트명, 매매가, 전세가, 투자금) :

✔ 오늘 알게 된 세금 정보 :

APRIL

9

재건축/재개발 단지가 있는지 확인하세요

재건축/재개발 단지는 사는 단계부터 안전마진을 확보할 수 있습니다. 단계가 점점 더 진행될수록 가격은 상승하게 됩니다. 재건축 단지가 완성되면 다시 한번 그 도시의 상승에 불쏘시개 역할을 하게 됩니다. 시청 홈페이지에 들어가거나 '재건축'으로 키워드 검색을 해서 재건축 단지가 있는지 찾아보세요.

| **CHECK** |

✔ 오늘의 긍정 확언 :

✔ 오늘 본 경제 기사 제목(요점, 이슈 등) :

✔ 오늘 공부한 지역 :

✔ 오늘 공부한 사이트 및 유튜브 채널 :

✔ 오늘의 관심 단지 및 시세(아파트명, 매매가, 전세가, 투자금) :

✔ 오늘 알게 된 세금 정보 :

APRIL

10

상승률은 이렇게 계산하세요

이 아파트가 1년 전, 2년 전에 비해 얼마나 올랐는지 알아야 저평가 여부를 판단할 수 있습니다. 2년 전 대비 1년 전 상승률은 〔(1년 전 시세 – 2년 전 시세) ÷ 2년전 시세〕 × 100으로 계산하면 됩니다. 2년 정도의 긴 기간들을 비교할 때는 표준 가격인 시세로 하는 게 좋습니다.

TIP 시세 확인 : 부동산지인 〉 아파트분석 〉 면적 31~37평 〉 평당 정렬 후 단지별로 시세 확인

| **CHECK** |

✔ 오늘의 긍정 확언 :

✔ 오늘 본 경제 기사 제목(요점, 이슈 등) :

✔ 오늘 공부한 지역 :

✔ 오늘 공부한 사이트 및 유튜브 채널 :

✔ 오늘의 관심 단지 및 시세(아파트명, 매매가, 전세가, 투자금) :

✔ 오늘 알게 된 세금 정보 :

APRIL

11

수익률은 이렇게 계산하세요

수익률은 내가 얼마를 투자해서 얼마의 수익을 낼 수 있느냐입니다. 예를 들어 투자금이 5천만 원인데 2년 뒤 1억 원이 올랐다면 수익률은 200%가 됩니다. 계산법은 (시세상승분 ÷ 투자금) × 100입니다. 관심 단지가 있다면 수익률을 계산해보세요.

| **CHECK** |

✔ 오늘의 긍정 확언 :

✔ 오늘 본 경제 기사 제목(요점, 이슈 등) :

✔ 오늘 공부한 지역 :

✔ 오늘 공부한 사이트 및 유튜브 채널 :

✔ 오늘의 관심 단지 및 시세(아파트명, 매매가, 전세가, 투자금) :

✔ 오늘 알게 된 세금 정보 :

APRIL

12

한 도시의 대장 아파트가 얼마까지 갈지 알아야 합니다

한 도시의 대장 아파트가 얼마나 오를지는 인구수가 비슷한데 먼저 상승했거나 인구 수가 더 많은 도시와 비교해서 예상할 수 있습니다. 대장 아파트가 얼마나 갈지 알아야 그 도시의 다음 순번들이 얼마나 갈지를 알 수 있습니다. 리더의 역할은 늘 중요합니다.

| CHECK |

✔ 오늘의 긍정 확언 :

✔ 오늘 본 경제 기사 제목(요점, 이슈 등) :

✔ 오늘 공부한 지역 :

✔ 오늘 공부한 사이트 및 유튜브 채널 :

✔ 오늘의 관심 단지 및 시세(아파트명, 매매가, 전세가, 투자금) :

✔ 오늘 알게 된 세금 정보 :

APRIL

13

인접한 도시끼리 비교해서 얼마나 오를지 예상해보세요

A도시와 인접한 B도시가 있다고 가정해봅시다. 두 도시의 대장 아파트를 시세 그래프로 비교해보면 항상 A도시 대장 아파트가 B도시 대장 아파트보다 비쌌습니다. 하지만 어느 시점에 B도시가 A도시보다 더 비싸졌다면 현재는 A도시가 저평가되었고, 최소한 현재 B도시의 대장 아파트 가격만큼 오른다고 예상할 수 있습니다.

| **CHECK** |

✔ 오늘의 긍정 확언 :

✔ 오늘 본 경제 기사 제목(요점, 이슈 등) :

✔ 오늘 공부한 지역 :

✔ 오늘 공부한 사이트 및 유튜브 채널 :

✔ 오늘의 관심 단지 및 시세(아파트명, 매매가, 전세가, 투자금) :

✔ 오늘 알게 된 세금 정보 :

APRIL

14

대장 아파트의 목표가가 정해졌다면 목표가를 예상할 수 있습니다

다른 도시와의 비교로 대장 아파트 목표가가 정해졌다면 대장 아파트와 관심 아파트들을 시세 그래프로 계속 비교하면서 적정비율을 구해야 합니다. 예전에 대장 아파트와 근접했던 시점보다 현재 격차가 더 많이 벌어졌다면 예전만큼 회복해야 합니다. 이렇게 비교하면서 관심 단지의 목표가를 예상해보세요.

| CHECK |

✔ 오늘의 긍정 확언 :

✔ 오늘 본 경제 기사 제목(요점, 이슈 등) :

✔ 오늘 공부한 지역 :

✔ 오늘 공부한 사이트 및 유튜브 채널 :

✔ 오늘의 관심 단지 및 시세(아파트명, 매매가, 전세가, 투자금) :

✔ 오늘 알게 된 세금 정보 :

APRIL

15

1군이 많이 올랐다면 1.5군에 기회가 있습니다

한 도시에서 상승 흐름은 1군에 먼저 옵니다. 하지만 1군만 오르는 건 아닙니다. 1등이 오르면 2등이 오르고 3등이 오릅니다. 1군이 정말 많이 올랐다면 지금은 1.5군을 보는 것이 훨씬 좋습니다. 1군이 확실히 올라준 곳은 그만큼 상승이 확실한 곳이기 때문에 덜 오른 곳에 관심을 가지세요.

| CHECK |

✔ 오늘의 긍정 확언 :

✔ 오늘 본 경제 기사 제목(요점, 이슈 등) :

✔ 오늘 공부한 지역 :

✔ 오늘 공부한 사이트 및 유튜브 채널 :

✔ 오늘의 관심 단지 및 시세(아파트명, 매매가, 전세가, 투자금) :

✔ 오늘 알게 된 세금 정보 :

APRIL

16

투자자가 많이 진입한 아파트도 유심히 보세요

비슷한 입지의 아파트인데도 유독 투자자들이 많이 진입한 아파트가 있어요. 그런 곳들은 대부분은 매매가와 전세가의 차이가 크지 않고 입지적 메리트가 있는 곳입니다. 이런 곳에는 일시적으로 전세 매물이 많이 나오기 때문에 전세를 주기 힘들 수 있습니다. 왜 유독 이 아파트에 투자자들이 매수를 많이 한 건지 그 이유를 잘 찾아보세요. 그런 곳에 기회가 있습니다.

| CHECK |

✔ 오늘의 긍정 확언 :

✔ 오늘 본 경제 기사 제목(요점, 이슈 등) :

✔ 오늘 공부한 지역 :

✔ 오늘 공부한 사이트 및 유튜브 채널 :

✔ 오늘의 관심 단지 및 시세(아파트명, 매매가, 전세가, 투자금) :

✔ 오늘 알게 된 세금 정보 :

APRIL

17

투자금액대별로 아파트를 정리하세요

누구나 1등 아파트, 가장 많이 오를 수 있는 아파트를 사고 싶어 합니다. 하지만 그것이 힘든 이유는 각자 가진 투자금이 다르기 때문입니다. 그래서 내가 찾은 투자처를 금액대별로 정리해야 합니다. 그리고 그 금액으로 살 수 있는 제일 좋은 아파트를 사면 됩니다.

| **CHECK** |

✔ 오늘의 긍정 확언 :

✔ 오늘 본 경제 기사 제목(요점, 이슈 등) :

✔ 오늘 공부한 지역 :

✔ 오늘 공부한 사이트 및 유튜브 채널 :

✔ 오늘의 관심 단지 및 시세(아파트명, 매매가, 전세가, 투자금) :

✔ 오늘 알게 된 세금 정보 :

APRIL

18

완벽한 선택이 아닌 최선의 선택을 하세요

우리가 투자를 망설이는 이유는 완벽한 선택을 하려고 하기 때문입니다. 완벽한 투자처도 없고 완벽한 선택도 없습니다. 충분히 나의 기준에 부합한다면 투자를 할 수 있는 것입니다. 완벽한 선택을 하려고 하다가 좋은 기회를 잃을 수도 있다는 것을 꼭 기억하세요.

| CHECK |

✔ 오늘의 긍정 확언 :

✔ 오늘 본 경제 기사 제목(요점, 이슈 등) :

✔ 오늘 공부한 지역 :

✔ 오늘 공부한 사이트 및 유튜브 채널 :

✔ 오늘의 관심 단지 및 시세(아파트명, 매매가, 전세가, 투자금) :

✔ 오늘 알게 된 세금 정보 :

APRIL

19

나만의 기준을 갖고 저평가된 유망 투자처를 뽑아보세요

매번 남이 찍어준 투자처에 투자할 수는 없습니다. 결국 나의 기준으로 저평가된 유망 투자처를 선별할 수 있어야 합니다. 그리고 그곳을 투자처로 선택한 나의 생각을 단 한 줄이라도 적어봐야 합니다. 그것이 나의 투자기준이 됩니다. 처음부터 그것이 정답일 수는 없습니다. 하지만 이 과정을 반복할수록 우리는 점점 더 유망한 투자처를 찾을 수 있습니다.

| **CHECK** |

✔ 오늘의 긍정 확언 :

✔ 오늘 본 경제 기사 제목(요점, 이슈 등) :

✔ 오늘 공부한 지역 :

✔ 오늘 공부한 사이트 및 유튜브 채널 :

✔ 오늘의 관심 단지 및 시세(아파트명, 매매가, 전세가, 투자금) :

✔ 오늘 알게 된 세금 정보 :

APRIL

20

내가 뽑은 투자처에 점수를 매겨보세요

내가 찾은 유망투자처에 점수를 매겨보세요. 입지, 세대수, 브랜드, 예상 수익률 등 항목을 정하고 점수화해보세요. 이 과정은 처음에는 주관적일 수밖에 없어요. 하지만 이것을 반복하게 된다면 객관적으로도 유망한 단지를 스스로 찾게 될 것입니다.

| CHECK |

✔ 오늘의 긍정 확언 :

✔ 오늘 본 경제 기사 제목(요점, 이슈 등) :

✔ 오늘 공부한 지역 :

✔ 오늘 공부한 사이트 및 유튜브 채널 :

✔ 오늘의 관심 단지 및 시세(아파트명, 매매가, 전세가, 투자금) :

✔ 오늘 알게 된 세금 정보 :

APRIL

21

실거주자라면 어느 곳에 살고 싶은지 생각하세요

결국 한 도시의 상승을 이끄는 힘은 실거주자에게 있습니다. 실거주자들이 선호하는 아파트라면 충분히 수요가 있다는 의미입니다. 고민이 될 땐 '내가 실거주한다면 여기에 살고 싶을까? 나에게 아이가 있다면 여기서 키우고 싶을까?'라는 질문을 던지고 답을 찾아보세요.

| **CHECK** |

✔ 오늘의 긍정 확언 :

✔ 오늘 본 경제 기사 제목(요점, 이슈 등) :

✔ 오늘 공부한 지역 :

✔ 오늘 공부한 사이트 및 유튜브 채널 :

✔ 오늘의 관심 단지 및 시세(아파트명, 매매가, 전세가, 투자금) :

✔ 오늘 알게 된 세금 정보 :

APRIL

22

네이버부동산으로 매일 시세 조사를 하세요

부동산 공부에 있어 가장 중요한 것은 시세 조사입니다. 가격에 입지와 수요가 모두 반영되기 때문입니다. 그래서 우리는 늘 시세 조사를 해야 합니다. 시간이 날 때마다 네이버부동산에 들어가서 시세 조사를 하세요. 왜 이 아파트는 이렇게 저렴할까? 이런 의문이 드는 곳이 생기면 '유레카'를 외치며 바로 현장에 뛰어가세요.

| **CHECK** |

✔ 오늘의 긍정 확언 :

✔ 오늘 본 경제 기사 제목(요점, 이슈 등) :

✔ 오늘 공부한 지역 :

✔ 오늘 공부한 사이트 및 유튜브 채널 :

✔ 오늘의 관심 단지 및 시세(아파트명, 매매가, 전세가, 투자금) :

✔ 오늘 알게 된 세금 정보 :

APRIL

23

부동산은 상대평가입니다

부동산은 절대평가가 아닙니다. 절대적인 기준으로 평가할 수 없습니다. 부동산은 상대평가이기 때문에 비교를 통해 저평가 지역, 저평가 아파트를 찾을 수 있습니다. 절대적인 기준은 없지만 이렇게라도 부동산을 비교해서 저평가된 유망 투자처를 찾을 수 있다는 것은 나의 강력한 무기가 되어줄 것입니다.

| **CHECK** |

✔ 오늘의 긍정 확언 :

✔ 오늘 본 경제 기사 제목(요점, 이슈 등) :

✔ 오늘 공부한 지역 :

✔ 오늘 공부한 사이트 및 유튜브 채널 :

✔ 오늘의 관심 단지 및 시세(아파트명, 매매가, 전세가, 투자금) :

✔ 오늘 알게 된 세금 정보 :

APRIL

24

같은 아파트라고 해도 다양한 평형끼리 비교해보세요

다양한 평형으로 구성된 아파트라면 평형별로도 상승의 흐름에 차이가 있습니다. 대형 평형에 대한 니즈가 강한 곳이라면 대형이 먼저 오르기도 하고 그렇지 않은 곳은 대형 평형이 아직 많이 못 오른 경우도 있습니다. 이 과정을 통해 저평가된 평형을 찾을 수 있습니다.

| CHECK |

✔ 오늘의 긍정 확언 :

✔ 오늘 본 경제 기사 제목(요점, 이슈 등) :

✔ 오늘 공부한 지역 :

✔ 오늘 공부한 사이트 및 유튜브 채널 :

✔ 오늘의 관심 단지 및 시세(아파트명, 매매가, 전세가, 투자금) :

✔ 오늘 알게 된 세금 정보 :

APRIL

25

시세 비교와 실거래가 비교의 차이는 이렇습니다

시세는 평균 가격이고 실거래가는 실제 거래가 된 가격입니다. 2년 이상 정도 가격의 흐름 변화를 볼 때는 표준 가격인 시세로 비교합니다. 상승 초입인 곳들은 실거래가에 대한 변동성이 크기 때문에 표준 가격으로 비교하는 것이 좋습니다. 실제 투자처를 찾을 때는 최근 실거래가와 네이버부동산에 나와 있는 매물의 호가를 비교해가며 찾으면 됩니다.

| **CHECK** |

✔ 오늘의 긍정 확언 :

✔ 오늘 본 경제 기사 제목(요점, 이슈 등) :

✔ 오늘 공부한 지역 :

✔ 오늘 공부한 사이트 및 유튜브 채널 :

✔ 오늘의 관심 단지 및 시세(아파트명, 매매가, 전세가, 투자금) :

✔ 오늘 알게 된 세금 정보 :

APRIL

26

평당가는 높으면서 덜 오른 단지를 찾으세요

1년간의 상승률을 평당가 순으로 보면 평당가는 낮은데 상승률이 낮은 단지가 있어요. 평당가는 높은데 덜 오른 단지도 있습니다. 평당가가 낮은데 상승률이 낮은 단지는 그만큼 수요가 없기 때문입니다. 덜 올랐다고 저평가인 것이 아니라 충분히 가치가 있는데 아직 덜 오른 단지가 저평가 단지라는 것을 꼭 명심하세요.

| **CHECK** |

✔ 오늘의 긍정 확언 :

✔ 오늘 본 경제 기사 제목(요점, 이슈 등) :

✔ 오늘 공부한 지역 :

✔ 오늘 공부한 사이트 및 유튜브 채널 :

✔ 오늘의 관심 단지 및 시세(아파트명, 매매가, 전세가, 투자금) :

✔ 오늘 알게 된 세금 정보 :

APRIL

27

나만의 관심 아파트 리스트를 만드세요

투자를 하고 싶은 곳이 생기면 관심 아파트 리스트를 만들어보세요. 그 단지들끼리 입지, 투자금, 예상 목표가 등을 비교해보세요. 이 과정을 통해 최종 투자처를 결정할 수 있습니다. 관심 아파트 리스트에 있는 단지들의 가격 변화를 계속 모니터링하세요. 당장 투자할 수 없더라도 이렇게 준비해두면 투자금이 마련되었을 때 바로 기회를 잡을 수 있습니다.

| **CHECK** |

✔ 오늘의 긍정 확언 :

✔ 오늘 본 경제 기사 제목(요점, 이슈 등) :

✔ 오늘 공부한 지역 :

✔ 오늘 공부한 사이트 및 유튜브 채널 :

✔ 오늘의 관심 단지 및 시세(아파트명, 매매가, 전세가, 투자금) :

✔ 오늘 알게 된 세금 정보 :

APRIL

28

수익률에 집착하지 마세요

수익률은 투자금이 적게 들면 높게 나옵니다. 입지가 좋고 신축인 아파트의 경우 매매가와 전세가의 차이가 크기 때문에 투자금이 많이 들어갑니다. 하지만 구축 아파트는 전세가율이 높은 단지가 많기 때문에 상대적으로 매매가와 전세가의 차이가 작아서 투자금이 적게 들어갑니다. 수익률보다는 이 단지가 얼마나 시세 상승을 많이 할 수 있는지를 보는 것이 중요합니다.

| **CHECK** |

✔ 오늘의 긍정 확언 :

✔ 오늘 본 경제 기사 제목(요점, 이슈 등) :

✔ 오늘 공부한 지역 :

✔ 오늘 공부한 사이트 및 유튜브 채널 :

✔ 오늘의 관심 단지 및 시세(아파트명, 매매가, 전세가, 투자금) :

✔ 오늘 알게 된 세금 정보 :

APRIL

29

지방은 택지지구에 관심을 가지세요

지방의 경우 서울·수도권 대비 개발한 부지가 많기 때문에 택지지구로 새로 조성하는 곳이 많습니다. 처음에는 그런 휑한 곳에 신축 브랜드 대단지들이 들어와도 인프라가 모두 갖춰진 구도심에 사는 사람들은 관심조차 두지 않습니다. 하지만 택지지구가 완성되어갈수록 점점 더 살고 싶어 하는 워너비 아파트가 되어갑니다. 10년 후 이 지역의 강남이 될 곳은 미리 관심을 가지세요.

| **CHECK** |

✔ 오늘의 긍정 확언 :

✔ 오늘 본 경제 기사 제목(요점, 이슈 등) :

✔ 오늘 공부한 지역 :

✔ 오늘 공부한 사이트 및 유튜브 채널 :

✔ 오늘의 관심 단지 및 시세(아파트명, 매매가, 전세가, 투자금) :

✔ 오늘 알게 된 세금 정보 :

APRIL

30

1억 원으로 한 채를 살까, 나눠서 두 채를 살까?

투자를 할 때 1억 원의 투자금이 있다면 한 채를 살지 그것을 나눠서 두 채를 살지 고민하는 사람들이 있습니다. 굳이 이것을 나눠서 두 채를 사는 것보다는 1억 원이라는 돈을 가지고 좀 더 똘똘한 한 채를 사는 게 더 좋은 선택이라고 생각합니다. 그런 곳들은 수요의 힘에 의해 더 상승할 수 있기 때문입니다.

| **CHECK** |

✔ 오늘의 긍정 확언 :

✔ 오늘 본 경제 기사 제목(요점, 이슈 등) :

✔ 오늘 공부한 지역 :

✔ 오늘 공부한 사이트 및 유튜브 채널 :

✔ 오늘의 관심 단지 및 시세(아파트명, 매매가, 전세가, 투자금) :

✔ 오늘 알게 된 세금 정보 :

5

MAY

부동산 투자는 이렇게 해보세요

MAY

1

전세 끼고 아파트 투자란?

전세 끼고 아파트 투자란 세입자가 있는 물건을 매수하거나 실입주가 가능한 매물을 매수해서 잔금일에 전세를 놓는 투자를 말합니다. 즉 세입자의 전세보증금을 레버리지해서 투자금을 줄이는 것입니다. 다른 말로 '전세 레버리지 투자'라고도 합니다.

| **CHECK** |

✔ 오늘의 긍정 확언 :

✔ 오늘 본 경제 기사 제목(요점, 이슈 등) :

✔ 오늘 공부한 지역 :

✔ 오늘 공부한 사이트 및 유튜브 채널 :

✔ 오늘의 관심 단지 및 시세(아파트명, 매매가, 전세가, 투자금) :

✔ 오늘 알게 된 세금 정보 :

MAY

2

전세 끼고 아파트 투자는 이래서 좋습니다

전세 끼고 아파트 투자의 장점은 투자금을 줄일 수 있다는 점입니다. 전세 제도는 우리나라에만 있습니다. 세입자 입장에서는 목돈이 있다면 이자도 내지 않고 주거 문제를 해결할 수 있어요. 목돈이 없다면 전세자금대출을 받아서 이자만 내면서 살 수 있습니다. 임대인 입장에서는 투자금을 줄여줄 수 있기 때문에 서로에게 윈-윈(win-win)이라고 할 수 있습니다.

| **CHECK** |

✔ 오늘의 긍정 확언 :

✔ 오늘 본 경제 기사 제목(요점, 이슈 등) :

✔ 오늘 공부한 지역 :

✔ 오늘 공부한 사이트 및 유튜브 채널 :

✔ 오늘의 관심 단지 및 시세(아파트명, 매매가, 전세가, 투자금) :

✔ 오늘 알게 된 세금 정보 :

MAY

3

전세 끼고 매매로 1년에 3억 원을 벌 수 있습니다

저는 수도권 외곽 아파트를 전세 끼고 매매했습니다. 당시 매매가 3.8억 원, 전세가 2.3억 원으로 투자금은 1.5억 원이 들었습니다. 1년 만에 3억 원이 올라서 수익률이 200%가 되었습니다. 전세 끼고 아파트 투자를 잘 활용하면 투자금은 줄이면서 수익률은 높일 수 있습니다.

| CHECK |

✔ 오늘의 긍정 확언 :

✔ 오늘 본 경제 기사 제목(요점, 이슈 등) :

✔ 오늘 공부한 지역 :

✔ 오늘 공부한 사이트 및 유튜브 채널 :

✔ 오늘의 관심 단지 및 시세(아파트명, 매매가, 전세가, 투자금) :

✔ 오늘 알게 된 세금 정보 :

MAY

4

점유개정이란?

점유개정이란 집주인이 본인의 아파트를 팔고 그 집에 전세를 사는 것을 말합니다. 점유개정을 하는 이유는 세금 문제, 추후 새 아파트 입주, 하락을 맛본 후 어떻게든 집을 팔고 싶은 마음 등 때문입니다. 이런 문제를 해결하고 본인의 집에서 전세를 살면 이사하지 않으면서 심적으로 편하기 때문에 점유개정을 하게 됩니다.

| **CHECK** |

✔ 오늘의 긍정 확언 :

✔ 오늘 본 경제 기사 제목(요점, 이슈 등) :

✔ 오늘 공부한 지역 :

✔ 오늘 공부한 사이트 및 유튜브 채널 :

✔ 오늘의 관심 단지 및 시세(아파트명, 매매가, 전세가, 투자금) :

✔ 오늘 알게 된 세금 정보 :

MAY

5

점유개정을 적극 활용하세요

점유개정을 활용하면 따로 전세를 내주지 않아도 되는 것이 장점입니다. 전세 끼고 아파트 매매를 할 경우 잔금일까지 전세 입주자를 들이지 못하는 경우 잔금을 마련하지 못해서 힘들어질 수 있습니다. 점유개정을 활용하면 전세 리스크를 줄일 수 있습니다.

| CHECK |

✔ 오늘의 긍정 확언 :

✔ 오늘 본 경제 기사 제목(요점, 이슈 등) :

✔ 오늘 공부한 지역 :

✔ 오늘 공부한 사이트 및 유튜브 채널 :

✔ 오늘의 관심 단지 및 시세(아파트명, 매매가, 전세가, 투자금) :

✔ 오늘 알게 된 세금 정보 :

MAY

6

세입자 안은 매물을 활용하는 방법

요즘은 임대차3법 중 계약갱신청구권으로 인해 집주인이 실거주를 하지 않는 이상은 세입자의 계약갱신청구권을 거부할 수 없습니다. 그렇다 보니 급전이 필요하거나 세금 문제 등으로 집주인들은 세입자를 안은 상태에서 매도하려고 합니다. 이런 매물은 이전에 전세를 주었기 때문에 전세가는 시세보다 낮지만 매매 시세보다 좀 더 저렴한 급매로 파는 경우가 많으므로 고려할 수 있습니다.

| **CHECK** |

✔ 오늘의 긍정 확언 :

✔ 오늘 본 경제 기사 제목(요점, 이슈 등) :

✔ 오늘 공부한 지역 :

✔ 오늘 공부한 사이트 및 유튜브 채널 :

✔ 오늘의 관심 단지 및 시세(아파트명, 매매가, 전세가, 투자금) :

✔ 오늘 알게 된 세금 정보 :

MAY

7

전세가율이 높은 아파트가 무조건 좋은 건 아니에요

전세가율은 실사용 가치라고 할 수 있습니다. 그만큼 임대 수요가 많다는 것입니다. 하지만 전세가율이 높다고 무조건 좋은 아파트는 아닙니다. 매수할 가치가 없기 때문에 전세로만 거주하려고 할 수도 있기 때문입니다. 전세가율이 높은 아파트는 매매 수요도 있는 곳인지 확인하세요.

| CHECK |

✔ 오늘의 긍정 확언 :

✔ 오늘 본 경제 기사 제목(요점, 이슈 등) :

✔ 오늘 공부한 지역 :

✔ 오늘 공부한 사이트 및 유튜브 채널 :

✔ 오늘의 관심 단지 및 시세(아파트명, 매매가, 전세가, 투자금) :

✔ 오늘 알게 된 세금 정보 :

MAY

8

싸다고 아무거나 사지 마세요

부동산 초보자는 투자금이 적게 든다고 덥석 매수를 하는 경우가 많습니다. 무조건 싸다고 좋은 것이 아니라 그 아파트가 얼마나 오를 수 있는지가 더 중요합니다. 가격이 너무 저렴한 곳들은 상승 흐름이 정말 늦게 올 수도 있고, 오르자마자 그 지역이 하락기로 접어들 수도 있기 때문에 투자에 신중을 기해야 합니다. 싸다고 아무거나 사지 말고 최대한 손품, 발품을 팔면서 오를 수 있는 아파트를 사세요.

| **CHECK** |

✔ 오늘의 긍정 확언 :

✔ 오늘 본 경제 기사 제목(요점, 이슈 등) :

✔ 오늘 공부한 지역 :

✔ 오늘 공부한 사이트 및 유튜브 채널 :

✔ 오늘의 관심 단지 및 시세(아파트명, 매매가, 전세가, 투자금) :

✔ 오늘 알게 된 세금 정보 :

MAY

9

아파트와 사랑에 빠지지 마세요

부동산 공부를 하고 임장을 하게 되면 유독 한 아파트에 마음을 뺏기게 되는 경우가 많습니다. 지금 당장 사지 않으면 내일이라도 몇 천만 원이라도 올라 버릴 것 같아 불안해집니다. 하지만 부동산은 최대한 많이 비교해볼수록 더 좋은 투자처를 찾을 수 있기 때문에 너무 빨리 한 아파트와 사랑에 빠지지 마세요.

| CHECK |

✔ 오늘의 긍정 확언 :

✔ 오늘 본 경제 기사 제목(요점, 이슈 등) :

✔ 오늘 공부한 지역 :

✔ 오늘 공부한 사이트 및 유튜브 채널 :

✔ 오늘의 관심 단지 및 시세(아파트명, 매매가, 전세가, 투자금) :

✔ 오늘 알게 된 세금 정보 :

MAY

10

조급함을 버리세요

초보 투자자들은 항상 조급합니다. 지금 당장 계약하지 않으면 큰일이 날 것처럼 생각합니다. 하지만 조급해하면 결국 실수하게 된다는 것을 알아야 합니다. 그렇게 한 투자는 투자하고 나서도 나를 불안하게 만듭니다. 조급함만 내려놓으면 더 좋은 선택을 할 수 있다는 것을 명심하세요.

| **CHECK** |

✔ 오늘의 긍정 확언 :

✔ 오늘 본 경제 기사 제목(요점, 이슈 등) :

✔ 오늘 공부한 지역 :

✔ 오늘 공부한 사이트 및 유튜브 채널 :

✔ 오늘의 관심 단지 및 시세(아파트명, 매매가, 전세가, 투자금) :

✔ 오늘 알게 된 세금 정보 :

MAY

11

초보자일수록 꼭 아파트를 직접 보고 사세요

투자를 오래 한 사람들은 집을 보지도 않고 사기도 합니다. 그런 사람들은 경험이 많기 때문에 그렇게 할 수도 있습니다. 하지만 초보일수록 더더욱 꼼꼼하게 집 상태를 보고 샀으면 합니다. 만에 하나 하자가 많은 집인데 집도 보지 않고 매수하면 그 모든 책임은 스스로가 져야 한다는 것을 꼭 알았으면 합니다. 돌다리도 두들겨보고 건너세요.

| **CHECK** |

✔ 오늘의 긍정 확언 :

✔ 오늘 본 경제 기사 제목(요점, 이슈 등) :

✔ 오늘 공부한 지역 :

✔ 오늘 공부한 사이트 및 유튜브 채널 :

✔ 오늘의 관심 단지 및 시세(아파트명, 매매가, 전세가, 투자금) :

✔ 오늘 알게 된 세금 정보 :

MAY

12

하자는 꼭 꼼꼼하게 확인하세요

10년 이상 된 구축 아파트라면 하자는 꼭 꼼꼼하게 확인해야 합니다. 이때부터는 누수와 같이 중대한 하자가 발생할 수도 있습니다. 누수는 다른 집에도 피해를 줄 수가 있고 원인을 찾기가 어렵기 때문에 매수하기 전부터 누수가 있는지 꼼꼼하게 봐야 합니다. 계약서 특약에도 중대한 하자 발생 시 잔금일로부터 6개월까지는 매도인이 책임을 진다는 내용을 명시하는 것이 좋습니다.

| CHECK |

✔ 오늘의 긍정 확언 :

✔ 오늘 본 경제 기사 제목(요점, 이슈 등) :

✔ 오늘 공부한 지역 :

✔ 오늘 공부한 사이트 및 유튜브 채널 :

✔ 오늘의 관심 단지 및 시세(아파트명, 매매가, 전세가, 투자금) :

✔ 오늘 알게 된 세금 정보 :

MAY

13

저층 아파트 살 때 이건 꼭 체크하세요

저층 아파트에도 장점이 많습니다. 엘리베이터를 이용하지 않아도 되고 1층인 경우 층간소음 걱정 없이 살 수 있습니다. 저층 아파트를 매수할 때 유의할 점은 앞에 막힌 게 없는 곳을 사는 것이 좋다는 것입니다. 막힌 건물이 없는 경우 저층이라도 해가 잘 들고 아파트 단지의 조경을 바로 앞에서 매일 볼 수 있기 때문에 좋습니다. 아파트에 살지만 전원주택에 사는 기분을 느낄 수 있습니다.

| **CHECK** |

✔ 오늘의 긍정 확언 :

✔ 오늘 본 경제 기사 제목(요점, 이슈 등) :

✔ 오늘 공부한 지역 :

✔ 오늘 공부한 사이트 및 유튜브 채널 :

✔ 오늘의 관심 단지 및 시세(아파트명, 매매가, 전세가, 투자금) :

✔ 오늘 알게 된 세금 정보 :

MAY

14

고층이라고 무조건 좋은 건 아닙니다

아파트를 매수할 때 고층에 살고 싶어 하는 사람이 많습니다. 하지만 고층이라고 무조건 좋은 건 아닙니다. 특히 노인들은 속이 자주 울렁거리고 피로감이 잘 생기는 고층 아파트 증후군이 생길 수 있습니다. 초고층인 경우 창문을 잘 열지 못하기 때문에 환기 문제가 생길 수 있고 엘리베이터가 없으면 이동이 어렵기 때문에 엘리베이터 점검, 출퇴근 시간 몰림 등으로 불편할 수 있습니다. 고층이냐 저층이냐는 각자의 선호에 맞게 잘 선택하는 게 좋습니다.

| **CHECK** |

✔ 오늘의 긍정 확언 :

✔ 오늘 본 경제 기사 제목(요점, 이슈 등) :

✔ 오늘 공부한 지역 :

✔ 오늘 공부한 사이트 및 유튜브 채널 :

✔ 오늘의 관심 단지 및 시세(아파트명, 매매가, 전세가, 투자금) :

✔ 오늘 알게 된 세금 정보 :

MAY

15

층보다 동이 더 중요할 수도 있습니다

아파트를 살 때 고민하는 것 중 하나가 '층이 좋은 곳을 살지, 동이 좋은 곳을 살지'입니다. 저는 동이 좀 더 중요하다고 생각합니다. 좋은 동은 조망이 좋거나 초등학교가 가깝거나 뭔가 확실한 수요가 있는 곳입니다. 정말 비선호하는 동이라면 아무리 좋은 층이라도 수요가 없을 수 있기 때문에 어떤 동이 더 좋은지를 잘 살펴보길 바랍니다.

| **CHECK** |

✔ 오늘의 긍정 확언 :

✔ 오늘 본 경제 기사 제목(요점, 이슈 등) :

✔ 오늘 공부한 지역 :

✔ 오늘 공부한 사이트 및 유튜브 채널 :

✔ 오늘의 관심 단지 및 시세(아파트명, 매매가, 전세가, 투자금) :

✔ 오늘 알게 된 세금 정보 :

MAY

16

꼭 대단지만 사야 하는 건 아닙니다

대단지 아파트가 좋긴 합니다. 대단지인 곳들은 관리비가 적게 들고 커뮤니티가 잘되어 있는 경우가 많습니다. 하지만 세대 수보다 더 중요한 것은 입지입니다. 입지가 정말 좋은 데 세대 수가 적은 곳이라도 충분히 좋은 투자처가 될 수 있습니다. 세대 수도 중요하지만 입지보다 중요하지는 않다는 것을 기억하세요.

| CHECK |

✔ 오늘의 긍정 확언 :

✔ 오늘 본 경제 기사 제목(요점, 이슈 등) :

✔ 오늘 공부한 지역 :

✔ 오늘 공부한 사이트 및 유튜브 채널 :

✔ 오늘의 관심 단지 및 시세(아파트명, 매매가, 전세가, 투자금) :

✔ 오늘 알게 된 세금 정보 :

MAY

17

꼭 판상형만 사야 하는 건 아닙니다

아파트 청약경쟁률을 보면 판상형이 가장 경쟁률이 높습니다. 판상형은 일자형으로 배치해서 거실 창과 주방 창의 맞통풍이 가능한 구조입니다. 타워형은 두 개 이상의 가구를 묶어서 탑을 쌓듯 짓는 구조를 말합니다. 판상형을 더 선호하지만 무조건 판상형만 오르는 건 아닙니다. 특히 상승기에는 판상형과 타워형 둘 다 오른다는 것을 꼭 기억하세요.

| CHECK |

✔ 오늘의 긍정 확언 :

✔ 오늘 본 경제 기사 제목(요점, 이슈 등) :

✔ 오늘 공부한 지역 :

✔ 오늘 공부한 사이트 및 유튜브 채널 :

✔ 오늘의 관심 단지 및 시세(아파트명, 매매가, 전세가, 투자금) :

✔ 오늘 알게 된 세금 정보 :

MAY

18

아파트 급매로 더 저렴하게 사세요

매물이 급매로 나왔다는 건 매도자에게 어떤 사정이 있다는 의미입니다. 이때는 그 사정이 무엇인지부터 공인중개사를 통해서 알아보는 것이 중요합니다. 만약 6월 1일 기준 재산세부과일 전에 빨리 매도해야 한다거나 새 아파트 입주를 위해 급하게 팔아야 하는 경우에는 내가 주도권을 잡고 가격을 좀 더 조정할 수 있습니다. 협상의 주도권을 잡는 사람이 이기는 것입니다.

| CHECK |

✔ 오늘의 긍정 확언 :

✔ 오늘 본 경제 기사 제목(요점, 이슈 등) :

✔ 오늘 공부한 지역 :

✔ 오늘 공부한 사이트 및 유튜브 채널 :

✔ 오늘의 관심 단지 및 시세(아파트명, 매매가, 전세가, 투자금) :

✔ 오늘 알게 된 세금 정보 :

MAY

19

아파트 급매, 이렇게 찾으세요

급매를 찾으려면 네이버부동산에서 해당 단지명을 검색하고 '최신순'으로 매물을 검색합니다. 나와 있는 매물을 비교해서 30% 정도 저렴하게 나온 매물이 있다면 급매일 수 있습니다. 네이버부동산 모바일 버전에서 해당 단지를 검색한 후 '관심 단지'와 '알람' 설정을 해놓으면 급매물이 나왔을 때 빨리 알아낼 수 있습니다.

| CHECK |

✔ 오늘의 긍정 확언 :

✔ 오늘 본 경제 기사 제목(요점, 이슈 등) :

✔ 오늘 공부한 지역 :

✔ 오늘 공부한 사이트 및 유튜브 채널 :

✔ 오늘의 관심 단지 및 시세(아파트명, 매매가, 전세가, 투자금) :

✔ 오늘 알게 된 세금 정보 :

MAY

20

구축 아파트는 이렇게 파세요

제가 연식이 10년이 넘은 아파트를 팔려고 하니 정말 잘 팔리지 않았습니다. 그래서 돈을 적게 들이면서 집이 예뻐 보이는 방법을 찾았습니다. 형광등을 LED 등으로 바꾸고 누레진 싱크대를 하얀 시트지로만 바꿔줘도 정말 깔끔한 집이 됩니다. 집이 팔리지 않는다고 손을 놓고 있기보다는 어떻게 매수자에게 어필할 수 있을지를 꼭 생각하세요.

| **CHECK** |

✔ 오늘의 긍정 확언 :

✔ 오늘 본 경제 기사 제목(요점, 이슈 등) :

✔ 오늘 공부한 지역 :

✔ 오늘 공부한 사이트 및 유튜브 채널 :

✔ 오늘의 관심 단지 및 시세(아파트명, 매매가, 전세가, 투자금) :

✔ 오늘 알게 된 세금 정보 :

MAY

21

내 아이를 키우고 싶은 곳을 보세요

아파트를 고를 땐 내 아이를 키우고 싶은 곳을 보세요. 집 옆에 초등학교가 있는지, 걸어서 학원가를 이용할 수 있는지, 간단한 간식거리를 사 먹을 가게들이 있는지, 아이가 뛰어놀 수 있는 공원이 있는지를 보세요. 그런 곳이 좋은 곳입니다.

| CHECK |

✔ 오늘의 긍정 확언 :

✔ 오늘 본 경제 기사 제목(요점, 이슈 등) :

✔ 오늘 공부한 지역 :

✔ 오늘 공부한 사이트 및 유튜브 채널 :

✔ 오늘의 관심 단지 및 시세(아파트명, 매매가, 전세가, 투자금) :

✔ 오늘 알게 된 세금 정보 :

MAY

22

공시가격 1억 원 이하 아파트에 투자하는 이유는 이렇습니다

요즘은 다주택자의 주택에 대한 규제가 심합니다. 주택의 취득 단계부터 취득세를 중과합니다. 조정지역에서는 2주택부터 취득세가 8%이고 비규제지역에서는 3주택부터 8%입니다. 하지만 공시가격 1억 원 이하는 1채를 사든 10채를 사든 취득세가 중과되지 않고 1.1%입니다. 한 곳을 막으면 막히지 않은 곳으로 돈은 흘러가게 되는 것입니다.

| **CHECK** |

✔ 오늘의 긍정 확언 :

✔ 오늘 본 경제 기사 제목(요점, 이슈 등) :

✔ 오늘 공부한 지역 :

✔ 오늘 공부한 사이트 및 유튜브 채널 :

✔ 오늘의 관심 단지 및 시세(아파트명, 매매가, 전세가, 투자금) :

✔ 오늘 알게 된 세금 정보 :

MAY

23

공시가격 1억 원 이하 아파트의 세금은 이렇습니다

공시가격 1억 원 이하는 취득세는 중과되지 않고 1.1%입니다. 종합부동산세는 보유 주택이 모두 과세 대상이 됩니다. 서울, 수도권, 세종시는 양도세 중과 주택 수에 포함되지만 수도권, 광역시, 세종시의 읍 · 면 · 동 지역 또는 수도권, 광역시, 세종시 이외 지역은 양도 당시 기준시가 3억 원 이하일 경우 양도세 중과 주택 수에 포함되지 않습니다.

| **CHECK** |

✔ 오늘의 긍정 확언 :

✔ 오늘 본 경제 기사 제목(요점, 이슈 등) :

✔ 오늘 공부한 지역 :

✔ 오늘 공부한 사이트 및 유튜브 채널 :

✔ 오늘의 관심 단지 및 시세(아파트명, 매매가, 전세가, 투자금) :

✔ 오늘 알게 된 세금 정보 :

MAY

24

공시가격 1억 원 이하 매수 시 이건 꼭 주의하세요

공시가격 1억 원 이하는 취득세가 중과되지 않는다는 것이 가장 큰 메리트입니다. 하지만 정비구역으로 지정이 되거나 공시가격이 1억 원을 초과하면 취득세 중과 대상이 됩니다. 이렇게 되면 공시가격 1억 원 이하에 대한 수요가 감소할 수 있어요. 그래서 꼭 입지가 좋고 수요가 많은 곳을 선택해야 합니다.

| **CHECK** |

✔ 오늘의 긍정 확언 :

✔ 오늘 본 경제 기사 제목(요점, 이슈 등) :

✔ 오늘 공부한 지역 :

✔ 오늘 공부한 사이트 및 유튜브 채널 :

✔ 오늘의 관심 단지 및 시세(아파트명, 매매가, 전세가, 투자금) :

✔ 오늘 알게 된 세금 정보 :

MAY

25

공시가격 1억 원 이하인지 꼭 확인하세요

공시가격 1억 원 이하인지는 네이버부동산의 시세 실거래가 정보를 봐도 되지만 부동산공시가격알리미 사이트에서 직접 가장 최근 공시가격 정보를 확인하는 게 중요합니다. 같은 단지라도 층과 호실에 따라 공시가격이 다를 수 있으므로 꼭 확인해야 합니다.

TIP 부동산공시가격알리미 사이트 〉 공동주택 공시가격 〉 공동주택 가격열람

| **CHECK** |

✔ 오늘의 긍정 확언 :

✔ 오늘 본 경제 기사 제목(요점, 이슈 등) :

✔ 오늘 공부한 지역 :

✔ 오늘 공부한 사이트 및 유튜브 채널 :

✔ 오늘의 관심 단지 및 시세(아파트명, 매매가, 전세가, 투자금) :

✔ 오늘 알게 된 세금 정보 :

MAY

26

3천만 원으로 1년 만에 수익률 200% 이상 얻으세요

공시가격 1억 원 이하의 단지는 투자금이 3천만 원으로 투자 가능한 곳이 많이 있습니다. 특히 소도시의 경우 학원가 밀집 지역이나 상권 밀집 지역의 공시가격 1억 원 이하는 수요가 많습니다. 이런 곳의 공시가격 1억 원 이하에 3천만 원을 투자해서 1년 만에 200% 이상 수익을 얻을 수 있는 곳도 있습니다. 소액으로 투자할 곳이 아직도 많습니다.

| CHECK |

✔ 오늘의 긍정 확언 :

✔ 오늘 본 경제 기사 제목(요점, 이슈 등) :

✔ 오늘 공부한 지역 :

✔ 오늘 공부한 사이트 및 유튜브 채널 :

✔ 오늘의 관심 단지 및 시세(아파트명, 매매가, 전세가, 투자금) :

✔ 오늘 알게 된 세금 정보 :

MAY

27

5천만 원으로 1.5군 아파트 사서 200% 수익률을 내세요

투자금이 5천만 원 정도라면 1.5군의 입지 좋은 구축을 살 수 있어요. 특히 1.5군의 경우 대장 입지는 아니지만 상권, 학군, 학원가가 잘 되어 있는 곳입니다. 이런 곳은 대형 평형의 경우에도 희소성과 실수요로 인해 전세가가 높습니다. 5천만 원 정도로 입지 좋은 구축을 매수한다면 충분히 200% 이상 수익률을 낼 수 있습니다.

| CHECK |

✔ 오늘의 긍정 확언 :

✔ 오늘 본 경제 기사 제목(요점, 이슈 등) :

✔ 오늘 공부한 지역 :

✔ 오늘 공부한 사이트 및 유튜브 채널 :

✔ 오늘의 관심 단지 및 시세(아파트명, 매매가, 전세가, 투자금) :

✔ 오늘 알게 된 세금 정보 :

MAY

28

1억 원으로 지방 재건축 아파트를 사세요

1억 원 정도라면 지방 재건축 아파트도 살 수 있습니다. 지방 재건축은 매매가가 2억 원 내외로 대도시와 비교 시 상대적으로 저렴합니다. 시세의 60% 정도를 대출받는다면 취득세를 내더라도 1억 원 정도의 투자금으로 가능합니다. 미래의 대장이 될 수 있는 재건축에 관심을 갖는 것도 좋습니다.

| CHECK |

✔ 오늘의 긍정 확언 :

✔ 오늘 본 경제 기사 제목(요점, 이슈 등) :

✔ 오늘 공부한 지역 :

✔ 오늘 공부한 사이트 및 유튜브 채널 :

✔ 오늘의 관심 단지 및 시세(아파트명, 매매가, 전세가, 투자금) :

✔ 오늘 알게 된 세금 정보 :

MAY

29

경매부터 시작하지 마세요. 더 쉬운 길이 있습니다

처음 투자를 시작하는 사람들은 경매에 관심을 많이 가집니다. 저 역시 그랬습니다. 하지만 제가 경매를 해보면서 느낀 건 경매는 스스로 통제할 수 없는 영역이라는 것입니다. 아무리 좋은 가격을 써낸다고 하더라도 다른 사람이 더 높은 가격을 써내면 결국 그 물건은 그사람 몫이 됩니다. 내가 통제할 수 있고 경매보다 더 쉬운 투자가 분명히 있습니다.

| **CHECK** |

✔ 오늘의 긍정 확언 :

✔ 오늘 본 경제 기사 제목(요점, 이슈 등) :

✔ 오늘 공부한 지역 :

✔ 오늘 공부한 사이트 및 유튜브 채널 :

✔ 오늘의 관심 단지 및 시세(아파트명, 매매가, 전세가, 투자금) :

✔ 오늘 알게 된 세금 정보 :

MAY

30

부동산 계약하기 전 직장동료나 가족에게 묻지 마세요

부동산 계약을 하기 전에 불안한 마음에 직장동료나 친구, 가족 등에게 이곳을 사도 되는지 물어보지 마세요. 그들은 사지 말라고 할 가능성이 큽니다. 나는 이곳에 투자하기 위해 정말 열심히 공부했지만 그들은 그렇지 않기 때문에 더 부정적으로 볼 가능성이 큽니다. 결정의 순간에는 남이 아니라 자신을 믿으세요.

| **CHECK** |

✔ 오늘의 긍정 확언 :

✔ 오늘 본 경제 기사 제목(요점, 이슈 등) :

✔ 오늘 공부한 지역 :

✔ 오늘 공부한 사이트 및 유튜브 채널 :

✔ 오늘의 관심 단지 및 시세(아파트명, 매매가, 전세가, 투자금) :

✔ 오늘 알게 된 세금 정보 :

MAY

31

구축 아파트는 꼭 인테리어가 되어 있는 것을 사세요

구축 아파트는 꼭 인테리어가 되어 있는 매물을 사세요. 인테리어가 된 매물은 그렇지 않은 매물보다 가격이 비싼 경우가 많아요. 하지만 구축은 인테리어가 되어 있지 않으면 전세를 들이기가 정말 힘듭니다. 아무리 오래된 아파트라도 내가 살고 싶어야 다른 사람도 살고 싶어 합니다.

| CHECK |

✔ 오늘의 긍정 확언 :

✔ 오늘 본 경제 기사 제목(요점, 이슈 등) :

✔ 오늘 공부한 지역 :

✔ 오늘 공부한 사이트 및 유튜브 채널 :

✔ 오늘의 관심 단지 및 시세(아파트명, 매매가, 전세가, 투자금) :

✔ 오늘 알게 된 세금 정보 :

6

JUNE

돈이 없어도
투자할 수 있습니다

JUNE

1

전세 말고 월세에 사세요

전세를 살면 목돈이 묶입니다. 규제지역에서는 전세자금대출을 받고 주택 수가 늘면 대출이 회수될 수 있습니다. 전세 살 돈으로 투자를 하고 월세를 사세요. 지금은 월세를 살지만 나의 자산은 무럭무럭 자라나는 것을 보며 흐뭇해질 것입니다.

| **CHECK** |

✔ 오늘의 긍정 확언 :

✔ 오늘 본 경제 기사 제목(요점, 이슈 등) :

✔ 오늘 공부한 지역 :

✔ 오늘 공부한 사이트 및 유튜브 채널 :

✔ 오늘의 관심 단지 및 시세(아파트명, 매매가, 전세가, 투자금) :

✔ 오늘 알게 된 세금 정보 :

JUNE

2

무주택자라면 내 집 마련보다는 투자를 하세요

무주택자라면 지금 내가 가진 돈으로 원하는 곳에 내 집 마련을 하기 힘들 것입니다. 그렇다면 월세를 살고 그 돈으로 투자를 하세요. 전세보증금을 레버리지로 삼는다면 실거주로 살 수 있는 집보다 더 좋은 집을 더 저렴하게 미리 사놓을 수 있습니다. 꼭 내가 그 집에 살아야만 주인이 되는 건 아닙니다.

| **CHECK** |

✔ 오늘의 긍정 확언 :

✔ 오늘 본 경제 기사 제목(요점, 이슈 등) :

✔ 오늘 공부한 지역 :

✔ 오늘 공부한 사이트 및 유튜브 채널 :

✔ 오늘의 관심 단지 및 시세(아파트명, 매매가, 전세가, 투자금) :

✔ 오늘 알게 된 세금 정보 :

JUNE

3

불편함을 친구로 생각하세요

월세로 남의 집에 사는 것이 쉬운 건 아닙니다. 혹시라도 집에 흠집이 나면 어떡할까? 월세 산다고 누군가에게 책잡히지 않을까? 여러 가지로 불편합니다. 하지만 내가 편하면서 자산도 늘리려고 하는 건 어떻게 보면 지나친 욕심입니다. 불편함을 나의 친구로 생각하세요.

| CHECK |

✔ 오늘의 긍정 확언 :

✔ 오늘 본 경제 기사 제목(요점, 이슈 등) :

✔ 오늘 공부한 지역 :

✔ 오늘 공부한 사이트 및 유튜브 채널 :

✔ 오늘의 관심 단지 및 시세(아파트명, 매매가, 전세가, 투자금) :

✔ 오늘 알게 된 세금 정보 :

JUNE

4

실거주 집이 있다면 이렇게 하세요

만약 지금 나에게 실거주 집이 한 채 있다면 그것을 깔고 있기보다는 더 많이 오를 수 있는 곳에 그 돈을 보내주는 게 좋습니다. 주거의 만족도도 중요하지만 자산을 빨리 늘려나가고 싶다면 돈을 깔고 있지 않고 더 좋은 곳으로 보내주어야 합니다.

| **CHECK** |

✔ 오늘의 긍정 확언 :

✔ 오늘 본 경제 기사 제목(요점, 이슈 등) :

✔ 오늘 공부한 지역 :

✔ 오늘 공부한 사이트 및 유튜브 채널 :

✔ 오늘의 관심 단지 및 시세(아파트명, 매매가, 전세가, 투자금) :

✔ 오늘 알게 된 세금 정보 :

JUNE

5

자녀의 초등학교 입학 전까지가 자산을 굴릴 수 있는 최고의 시기입니다

아이가 초등학교에 입학하면 전학을 시키기 쉽지 않아요. 전학이라는 것이 아이에게 주는 스트레스가 상당하기 때문입니다. 아이가 초등학교 입학하기 전까지가 가장 자산을 늘리기 좋은 시기라고 생각합니다. 월세를 살고 이사를 자주 다니면서 최대한 자산을 빨리 늘려나가세요. 아이가 초등학교에 입학할 때는 정말 원하는 곳에 실거주 집을 마련할 수 있습니다.

| **CHECK** |

✔ 오늘의 긍정 확언 :

✔ 오늘 본 경제 기사 제목(요점, 이슈 등) :

✔ 오늘 공부한 지역 :

✔ 오늘 공부한 사이트 및 유튜브 채널 :

✔ 오늘의 관심 단지 및 시세(아파트명, 매매가, 전세가, 투자금) :

✔ 오늘 알게 된 세금 정보 :

JUNE

6

사교육비를 줄여서 월세를 내세요

월세를 내는 것이 부담일 수도 있습니다. 아이가 있다면 마냥 월세가 저렴한 곳만 찾을 수도 없습니다. 그럴 땐 좀 더 주거만족도가 높은 곳에 월세를 살고 사교육비를 줄여보세요. 초등학교 저학년까지는 충분히 집에서 공부를 가르칠 수 있습니다. 학원에 가지 않기 때문에 아이들도 시간이 많이 생기고 부모 역시 아이와 함께할 수 있는 시간이 늘어납니다.

| **CHECK** |

✔ 오늘의 긍정 확언 :

✔ 오늘 본 경제 기사 제목(요점, 이슈 등) :

✔ 오늘 공부한 지역 :

✔ 오늘 공부한 사이트 및 유튜브 채널 :

✔ 오늘의 관심 단지 및 시세(아파트명, 매매가, 전세가, 투자금) :

✔ 오늘 알게 된 세금 정보 :

JUNE

7

자녀가 없다면 최대한 월세가 저렴한 곳을 선택하세요

만약 아이가 없다면 월세가 정말 저렴한 곳을 선택해서 주거비를 줄이는 것이 좋습니다. 그렇게 줄인 주거비를 계속 모아서 시드머니를 불려나가세요. 그 돈으로 다시 투자를 하면서 자산을 늘려나가는 것이 자산을 빨리 불리는 방법입니다.

| **CHECK** |

✔ 오늘의 긍정 확언 :

✔ 오늘 본 경제 기사 제목(요점, 이슈 등) :

✔ 오늘 공부한 지역 :

✔ 오늘 공부한 사이트 및 유튜브 채널 :

✔ 오늘의 관심 단지 및 시세(아파트명, 매매가, 전세가, 투자금) :

✔ 오늘 알게 된 세금 정보 :

JUNE

8

부모님 집에서 독립하는 것을 잠시 미루세요

그동안 부모님과 함께 살았고 이제 성인이 되었으니 빨리 독립하고 싶을 것입니다. 하지만 부모님과 함께 살면 주거비를 줄일 수 있습니다. 독립하려고 마련해둔 돈으로 투자를 하세요. 독립은 자산을 어느 정도 불린 뒤에 해도 늦지 않으니까요.

| **CHECK** |

✔ 오늘의 긍정 확언 :

✔ 오늘 본 경제 기사 제목(요점, 이슈 등) :

✔ 오늘 공부한 지역 :

✔ 오늘 공부한 사이트 및 유튜브 채널 :

✔ 오늘의 관심 단지 및 시세(아파트명, 매매가, 전세가, 투자금) :

✔ 오늘 알게 된 세금 정보 :

JUNE

9

시댁이나 친정에 들어가서 살아도 좋습니다

결혼으로 분가했다가 시댁이나 친정에 들어가서 사는 것이 쉬운 결정은 아닙니다. 어른들과 함께 살면 불편한 점이 분명히 있을 거예요. 하지만 자녀가 있는 경우라면 몇 시간 정도라도 부모님께 아이를 맡기고 부동산 공부를 하거나 임장을 다닐 시간을 확보할 수 있습니다. 독박육아에서도 벗어날 수 있는 좋은 기회가 될 수 있습니다.

| **CHECK** |

✔ 오늘의 긍정 확언 :

✔ 오늘 본 경제 기사 제목(요점, 이슈 등) :

✔ 오늘 공부한 지역 :

✔ 오늘 공부한 사이트 및 유튜브 채널 :

✔ 오늘의 관심 단지 및 시세(아파트명, 매매가, 전세가, 투자금) :

✔ 오늘 알게 된 세금 정보 :

JUNE

10

대출을 투자의 동반자로 생각하세요

대출은 무리하게만 받지 않으면 투자의 좋은 동반자가 될 수 있습니다. 무리한다는 것은 내가 감당할 수 없는 선의 대출금과 대출이자를 안는 것을 말합니다. 1억 원을 모으려면 길게는 10년이라는 시간이 걸릴 수도 있어요. 1억 원이라는 대출을 받으면 10년이라는 시간을 아낄 수 있습니다. 대출은 나의 시간도 레버리지 한다는 것을 잊지 마세요.

| **CHECK** |

✔ 오늘의 긍정 확언 :

✔ 오늘 본 경제 기사 제목(요점, 이슈 등) :

✔ 오늘 공부한 지역 :

✔ 오늘 공부한 사이트 및 유튜브 채널 :

✔ 오늘의 관심 단지 및 시세(아파트명, 매매가, 전세가, 투자금) :

✔ 오늘 알게 된 세금 정보 :

JUNE

11

대출은 갚지 마세요

대출을 받고 나서 돈이 생기면 바로 대출을 갚으려는 사람이 많습니다. 크게 무리가 아니라면 굳이 빨리 대출을 갚지 마세요. 그 돈으로 또 다른 투자를 해서 자산을 늘려가세요. 요즘은 대출 규제가 강화되어서 예전의 조건으로 대출을 받기도 힘듭니다. 꼭 대출을 빨리 갚아야 하는 건 아닙니다.

| **CHECK** |

✔ 오늘의 긍정 확언 :

✔ 오늘 본 경제 기사 제목(요점, 이슈 등) :

✔ 오늘 공부한 지역 :

✔ 오늘 공부한 사이트 및 유튜브 채널 :

✔ 오늘의 관심 단지 및 시세(아파트명, 매매가, 전세가, 투자금) :

✔ 오늘 알게 된 세금 정보 :

JUNE

12

대출은 제1금융권을 우선적으로 고려하세요

제1금융권은 보통 우리 주변에서 흔하게 볼 수 있는 시중은행을 말합니다. 제2금융권은 보험회사 계열이나 규모가 작은 은행을 말합니다. 제2금융권 대출을 받으면 신용도에 좋지 않은 영향을 줄 수 있어요. 그래서 가장 먼저 제1금융권 대출부터 알아보는 게 좋습니다.

| **CHECK** |

✔ 오늘의 긍정 확언 :

✔ 오늘 본 경제 기사 제목(요점, 이슈 등) :

✔ 오늘 공부한 지역 :

✔ 오늘 공부한 사이트 및 유튜브 채널 :

✔ 오늘의 관심 단지 및 시세(아파트명, 매매가, 전세가, 투자금) :

✔ 오늘 알게 된 세금 정보 :

JUNE

13

주거래은행이라고 무조건 좋은 건 아닙니다

저는 주거래은행에서 대출을 받으면 다른 은행보다 훨씬 대출 조건이 좋을 거라고 생각했어요. 하지만 막상 상담을 받아 보니 주거래은행이라고 해서 대출금리를 무조건 낮게 해주는 건 아니었어요. 대출은 최대한 손품, 발품을 많이 팔아야 합니다. 대출도 많이 알아보는 만큼 대출금리가 낮고 조건이 좋은 은행을 찾을 수 있습니다.

| CHECK |

✔ 오늘의 긍정 확언 :

✔ 오늘 본 경제 기사 제목(요점, 이슈 등) :

✔ 오늘 공부한 지역 :

✔ 오늘 공부한 사이트 및 유튜브 채널 :

✔ 오늘의 관심 단지 및 시세(아파트명, 매매가, 전세가, 투자금) :

✔ 오늘 알게 된 세금 정보 :

JUNE

14

대출은 대출상담사를 통해서 알아보세요

대출 신청을 하기 위해 꼭 은행을 방문할 필요는 없습니다. 인근 부동산에 문의하면 대출상담사 연락처를 알려줍니다. 유선으로도 대출 가능 여부를 알 수 있습니다. 대출상담사를 통해서 대출을 알아보면 정말 편리합니다.

| **CHECK** |

✔ 오늘의 긍정 확언 :

✔ 오늘 본 경제 기사 제목(요점, 이슈 등) :

✔ 오늘 공부한 지역 :

✔ 오늘 공부한 사이트 및 유튜브 채널 :

✔ 오늘의 관심 단지 및 시세(아파트명, 매매가, 전세가, 투자금) :

✔ 오늘 알게 된 세금 정보 :

JUNE

15

대출받을 때는 중도상환수수료를 꼭 생각하세요

보통 3년 안에 대출금을 상환하게 되면 중도상환수수료가 발생합니다. 만약 3년 내 상환할 수 있는 대출이라면 대출 계약을 하기 전에 중도상환수수료가 낮거나 없는 상품이 있는지 알아보세요. 미리 알면 굳이 나가지 않아도 될 돈을 아낄 수 있습니다.

| **CHECK** |

✔ 오늘의 긍정 확언 :

✔ 오늘 본 경제 기사 제목(요점, 이슈 등) :

✔ 오늘 공부한 지역 :

✔ 오늘 공부한 사이트 및 유튜브 채널 :

✔ 오늘의 관심 단지 및 시세(아파트명, 매매가, 전세가, 투자금) :

✔ 오늘 알게 된 세금 정보 :

JUNE

16

대출은 딱 이만큼만 받으세요

대출은 내가 감당할 수 없게 되는 순간부터 나를 불행하게 만듭니다. 대출금리가 상승하게 되면 결국 가정 경제에 악영향을 줄 수밖에 없습니다. 대출을 받기 전 우리 가정의 수입에서 고정적인 비용, 생활비를 제하고 남는 돈의 50% 정도만 대출금을 상환하는 데 쓰세요. 나머지 50%는 금리상승 등 리스크를 대비하기 위해 남겨두는 것이 좋습니다.

| **CHECK** |

✔ 오늘의 긍정 확언 :

✔ 오늘 본 경제 기사 제목(요점, 이슈 등) :

✔ 오늘 공부한 지역 :

✔ 오늘 공부한 사이트 및 유튜브 채널 :

✔ 오늘의 관심 단지 및 시세(아파트명, 매매가, 전세가, 투자금) :

✔ 오늘 알게 된 세금 정보 :

JUNE

17

많이 번다고 돈을 많이 모을 수 있는 건 아닙니다

돈을 많이 번다고 돈을 많이 모을 수 있는 건 아니에요. 많이 벌고 많이 쓴다면 밑 빠진 독에 물 붓는 것과 별반 다를 것이 없습니다. 적게 벌더라도 적게 쓸 때 더 많은 돈을 모을 수도 있습니다. 돈은 많이 버는 것보다 적게 쓰는 게 더 중요하다는 걸 꼭 기억하세요.

| **CHECK** |

✔ 오늘의 긍정 확언 :

✔ 오늘 본 경제 기사 제목(요점, 이슈 등) :

✔ 오늘 공부한 지역 :

✔ 오늘 공부한 사이트 및 유튜브 채널 :

✔ 오늘의 관심 단지 및 시세(아파트명, 매매가, 전세가, 투자금) :

✔ 오늘 알게 된 세금 정보 :

JUNE

18

신용카드 말고 체크카드를 쓰세요

신용카드는 내가 얼마나 돈을 쓰고 있는지 감을 잡기가 힘듭니다. 저렴하다고 해서 샀더라도 그게 쌓이고 쌓이면 목돈이 되어버립니다. 기다리고 기다린 월급날 신용카드 대금으로 월급이 통장을 스치고 지나갑니다. 돈을 모으려면 신용카드는 잘라버리고 체크카드를 쓰세요.

| **CHECK** |

✔ 오늘의 긍정 확언 :

✔ 오늘 본 경제 기사 제목(요점, 이슈 등) :

✔ 오늘 공부한 지역 :

✔ 오늘 공부한 사이트 및 유튜브 채널 :

✔ 오늘의 관심 단지 및 시세(아파트명, 매매가, 전세가, 투자금) :

✔ 오늘 알게 된 세금 정보 :

JUNE

19

선저축 후지출을 꼭 기억하세요

많은 사람들이 월급을 받고 남는 돈으로 적금을 넣겠다고 생각합니다. 하지만 이것은 100% 실패합니다. 돈을 모으려면 월급을 받자마자 적금통장에 돈이 들어가야 합니다. 그리고 남은 돈으로 지출해야 목표한 금액을 꾸준히 모을 수 있습니다.

| **CHECK** |

✔ 오늘의 긍정 확언 :

✔ 오늘 본 경제 기사 제목(요점, 이슈 등) :

✔ 오늘 공부한 지역 :

✔ 오늘 공부한 사이트 및 유튜브 채널 :

✔ 오늘의 관심 단지 및 시세(아파트명, 매매가, 전세가, 투자금) :

✔ 오늘 알게 된 세금 정보 :

JUNE

20

파킹통장을 활용해보세요

파킹통장은 하루만 맡겨도 이자가 붙는 통장입니다. 1억 원까지 연 2%의 이자를 제공하는 곳도 있고 하루만 맡겨도 이자가 발생합니다. 여유자금을 넣어두고 매일 이자를 받으면서 재미있게 돈을 모아보세요.

| **CHECK** |

✔ 오늘의 긍정 확언 :

✔ 오늘 본 경제 기사 제목(요점, 이슈 등) :

✔ 오늘 공부한 지역 :

✔ 오늘 공부한 사이트 및 유튜브 채널 :

✔ 오늘의 관심 단지 및 시세(아파트명, 매매가, 전세가, 투자금) :

✔ 오늘 알게 된 세금 정보 :

JUNE

21

냉장고 파먹기를 해보세요

아무 생각 없이 장을 보고 냉장고에 넣어두는 일이 많을 것입니다. 냉장고를 열어보면 방치해둔 식재료들이 많을 거예요. 배달 앱을 누르기 전에 냉장고부터 열어보고 냉장고 파먹기를 해보세요. 돈은 그렇게 아끼는 겁니다.

| **CHECK** |

✔ 오늘의 긍정 확언 :

✔ 오늘 본 경제 기사 제목(요점, 이슈 등) :

✔ 오늘 공부한 지역 :

✔ 오늘 공부한 사이트 및 유튜브 채널 :

✔ 오늘의 관심 단지 및 시세(아파트명, 매매가, 전세가, 투자금) :

✔ 오늘 알게 된 세금 정보 :

JUNE

22

불필요한 쇼핑 앱, 배달 앱은 지우세요

휴대폰을 가득 채운 앱 중 쇼핑 앱, 배달 앱은 지워도 됩니다. 너무 편하게 이용할 수 있다면 그만큼 너무 쉽게 소비를 할 수 있어요. 최대한 소비를 불편하게 하는 환경으로 바꿔보세요.

| **CHECK** |

✔ 오늘의 긍정 확언 :

✔ 오늘 본 경제 기사 제목(요점, 이슈 등) :

✔ 오늘 공부한 지역 :

✔ 오늘 공부한 사이트 및 유튜브 채널 :

✔ 오늘의 관심 단지 및 시세(아파트명, 매매가, 전세가, 투자금) :

✔ 오늘 알게 된 세금 정보 :

JUNE

23

정말 이 물건이 필요한지 생각하세요

지금 당장은 그 물건이 꼭 필요하고 사고 싶을 수 있어요. 그럴 땐 나의 쇼핑 리스트에 적어두세요. 그리고 다음 달에 다시 한번 리스트를 보면서 지금도 그 물건이 필요한지 생각해보세요. 이렇게 소비 욕구를 잠시 지연시키는 것만으로도 돈을 아낄 수 있습니다.

| CHECK |

✔ 오늘의 긍정 확언 :

✔ 오늘 본 경제 기사 제목(요점, 이슈 등) :

✔ 오늘 공부한 지역 :

✔ 오늘 공부한 사이트 및 유튜브 채널 :

✔ 오늘의 관심 단지 및 시세(아파트명, 매매가, 전세가, 투자금) :

✔ 오늘 알게 된 세금 정보 :

JUNE

24

자존감이 높은 사람은 명품이 필요 없습니다

명품을 좋아하는 사람은 명품이 나를 대신해서 빛나주길 바라는 사람입니다. 내가 멋지고 빛나는 사람이면 굳이 명품을 살 필요가 없습니다. 명품으로 치장을 한 사람들이 모두 부자는 아닙니다. 명품 살 돈을 모아 자산에 투자해서 진짜 부자가 되세요.

| **CHECK** |

✔ 오늘의 긍정 확언 :

✔ 오늘 본 경제 기사 제목(요점, 이슈 등) :

✔ 오늘 공부한 지역 :

✔ 오늘 공부한 사이트 및 유튜브 채널 :

✔ 오늘의 관심 단지 및 시세(아파트명, 매매가, 전세가, 투자금) :

✔ 오늘 알게 된 세금 정보 :

JUNE

25

대형마트 말고 동네 마트에 가세요

예전에 창고형 대형마트에 가는 걸 정말 좋아했어요. 가격은 저렴한데 양은 정말 많아 보였어요. 싸다고 자꾸 담다 보니 커다란 카트 안이 금세 차버렸어요. 20만 원이 넘게 장을 봤지만 결국 다 먹지 못하고 상해서 버린 게 더 많았죠. 장은 동네 마트에서 하루 먹을 양만큼 자주 보는 게 소비도 줄이고 신선한 음식을 먹을 수 있어 좋습니다.

| **CHECK** |

✔ 오늘의 긍정 확언 :

✔ 오늘 본 경제 기사 제목(요점, 이슈 등) :

✔ 오늘 공부한 지역 :

✔ 오늘 공부한 사이트 및 유튜브 채널 :

✔ 오늘의 관심 단지 및 시세(아파트명, 매매가, 전세가, 투자금) :

✔ 오늘 알게 된 세금 정보 :

JUNE

26

오늘부터 커피값을 아껴보세요

저는 직장생활을 할 때 점심을 먹고 나서 습관적으로 커피를 사서 마셨어요. 아메리카노 한잔이 4,000원이면 한 달을 안 마시면 12만 원을 아낄 수 있어요. 신용대출 3천만 원을 5% 이자로 받는다고 해도 한 달에 이자 12만 원 정도입니다. 커피값만 아껴도 종잣돈을 마련할 수 있습니다. 텀블러와 인스턴트 커피로도 충분히 즐거운 커피타임을 즐길 수 있답니다.

| **CHECK** |

✔ 오늘의 긍정 확언 :

✔ 오늘 본 경제 기사 제목(요점, 이슈 등) :

✔ 오늘 공부한 지역 :

✔ 오늘 공부한 사이트 및 유튜브 채널 :

✔ 오늘의 관심 단지 및 시세(아파트명, 매매가, 전세가, 투자금) :

✔ 오늘 알게 된 세금 정보 :

JUNE

27

돈이 없어도 투자를 할 수 있습니다

투자를 해놓고 돈이 없다면 모의투자를 해보세요. 계약 직전 단계까지만 해보는 거예요. 모의투자를 한 단지를 엑셀에 정리해두고 2년 뒤 실제로 얼마나 올랐는지 보세요. 꼭 내 돈이 들어가야 투자를 할 수 있는 건 아니에요. 모의투자를 통해서도 나의 투자 실력을 키울 수 있습니다.

| **CHECK** |

✔ 오늘의 긍정 확언 :

✔ 오늘 본 경제 기사 제목(요점, 이슈 등) :

✔ 오늘 공부한 지역 :

✔ 오늘 공부한 사이트 및 유튜브 채널 :

✔ 오늘의 관심 단지 및 시세(아파트명, 매매가, 전세가, 투자금) :

✔ 오늘 알게 된 세금 정보 :

JUNE

28

사회초년생으로 모은 돈이 딱 3천만 원이라도 투자하세요

어느 사회초년생이 현재 가진 돈이 3천만 원 정도라고 하더군요. 너무 소액이긴 하지만 돈이 없다고 포기하기보다는 이 돈으로라도 투자를 하는 게 좋습니다. 첫 투자를 하면서 계약부터 세입자를 들이는 것까지 투자의 한 사이클을 배우게 됩니다. 이렇게 얻은 경험은 그 무엇과도 바꿀 수 없습니다.

| CHECK |

✔ 오늘의 긍정 확언 :

✔ 오늘 본 경제 기사 제목(요점, 이슈 등) :

✔ 오늘 공부한 지역 :

✔ 오늘 공부한 사이트 및 유튜브 채널 :

✔ 오늘의 관심 단지 및 시세(아파트명, 매매가, 전세가, 투자금) :

✔ 오늘 알게 된 세금 정보 :

JUNE

29

쇼핑은 온라인으로 하세요

예전에는 백화점에 가서 쇼핑하는 것을 정말 좋아했어요. 쇼핑을 하면서 이것저것 비교하다 보면 몇 시간이 금방 지나버리더라고요. 직접 보면 사고 싶은 것이 더 많아지고, 그만큼 돈을 더 많이 쓰게 됩니다. 온라인으로 쇼핑을 하면 내가 살 것만 사면 되기 때문에 그만큼 돈과 시간을 아낄 수 있습니다. 웬만하면 온라인으로 쇼핑하세요.

| **CHECK** |

✔ 오늘의 긍정 확언 :

✔ 오늘 본 경제 기사 제목(요점, 이슈 등) :

✔ 오늘 공부한 지역 :

✔ 오늘 공부한 사이트 및 유튜브 채널 :

✔ 오늘의 관심 단지 및 시세(아파트명, 매매가, 전세가, 투자금) :

✔ 오늘 알게 된 세금 정보 :

JUNE

30

당장 차가 필요하지 않다면 미뤄도 됩니다

차가 있으면 편하기는 해요. 하지만 주유비, 보험료, 수리비 등 차를 유지하기 위한 비용도 계속 들어가게 됩니다. 종잣돈 마련을 위해서 차를 사는 것을 조금 미루는 것도 좋습니다. 차는 감가상각이 되지만 나의 자산은 시간이 지날수록 그 가치가 상승할 테니까요.

| **CHECK** |

✔ 오늘의 긍정 확언 :

✔ 오늘 본 경제 기사 제목(요점, 이슈 등) :

✔ 오늘 공부한 지역 :

✔ 오늘 공부한 사이트 및 유튜브 채널 :

✔ 오늘의 관심 단지 및 시세(아파트명, 매매가, 전세가, 투자금) :

✔ 오늘 알게 된 세금 정보 :

7

JULY

부동산 공부는 이렇게 하세요

JULY

1

가장 신뢰할 수 있는 멘토부터 정하세요

부동산 공부를 지속적으로 하려면 멘토를 정하세요. 멘토는 힘들 때마다 나의 방향을 잡아줄 수 있는 사람입니다. 단 한 명을 정하고 그 사람의 말과 행동을 따라 하세요. 그게 가장 빨리 지식을 흡수하고 성장하는 방법입니다.

| **CHECK** |

✔ 오늘의 긍정 확언 :

✔ 오늘 본 경제 기사 제목(요점, 이슈 등) :

✔ 오늘 공부한 지역 :

✔ 오늘 공부한 사이트 및 유튜브 채널 :

✔ 오늘의 관심 단지 및 시세(아파트명, 매매가, 전세가, 투자금) :

✔ 오늘 알게 된 세금 정보 :

JULY

2

공짜로 공부하세요

저는 부동산 강의부터 듣지 않고 유튜브 부동산 채널로 공부했어요. 무료로 정말 모든 것을 알려주려는 채널이 많았습니다. 그 채널들의 영상을 반복적으로 보고 정리하면서 최대한 제 것으로 만들려고 했습니다. 부동산 공부를 꼭 돈을 들여서만 할 수 있는 건 아닙니다. 처음에는 공짜로 공부하세요.

| **CHECK** |

✔ 오늘의 긍정 확언 :

✔ 오늘 본 경제 기사 제목(요점, 이슈 등) :

✔ 오늘 공부한 지역 :

✔ 오늘 공부한 사이트 및 유튜브 채널 :

✔ 오늘의 관심 단지 및 시세(아파트명, 매매가, 전세가, 투자금) :

✔ 오늘 알게 된 세금 정보 :

JULY

3

유튜브 라이브에 꼭 참여하세요

유튜브 부동산 채널에서 라이브를 할 때 꼭 참여하세요. 라이브에 참여하면 실시간으로 멘토와 소통을 할 수 있습니다. 이 시간을 통해 부동산에 관심이 있는 동료들을 만날 수도 있습니다. 드라마 볼 시간에 유튜브 라이브에 참여하세요.

| **CHECK** |

✔ 오늘의 긍정 확언 :

✔ 오늘 본 경제 기사 제목(요점, 이슈 등) :

✔ 오늘 공부한 지역 :

✔ 오늘 공부한 사이트 및 유튜브 채널 :

✔ 오늘의 관심 단지 및 시세(아파트명, 매매가, 전세가, 투자금) :

✔ 오늘 알게 된 세금 정보 :

JULY

4

나를 적극적으로 표현하세요

나를 표현하는 것을 부끄러워하는 경우가 많아요. 하지만 그런 유명한 멘토를 만날 수 있는 기회가 흔치 않습니다. 채널 영상마다 감사하다는 댓글을 달거나 라이브 채팅을 할 때 나를 적극적으로 표현하세요. 이렇게 해야 멘토가 나의 존재를 알 수 있고 계속적으로 멘토와 연결될 수 있다는 것을 기억하세요.

| CHECK |

✔ 오늘의 긍정 확언 :

✔ 오늘 본 경제 기사 제목(요점, 이슈 등) :

✔ 오늘 공부한 지역 :

✔ 오늘 공부한 사이트 및 유튜브 채널 :

✔ 오늘의 관심 단지 및 시세(아파트명, 매매가, 전세가, 투자금) :

✔ 오늘 알게 된 세금 정보 :

JULY

5

부동산 공부할 때 남과 비교하지 마세요

부동산 공부를 하는 데 있어서도 개인마다 역량의 차이가 분명히 존재합니다. 나보다 잘하는 사람과 계속 비교하게 되면 좌절하게 되고 더 이상 앞으로 나아갈 수 없게 됩니다. 비교를 할 거면 어제의 나와 비교하세요. 분명 어제보다는 지금 더 성장해 있을 테니까요.

| **CHECK** |

✔ 오늘의 긍정 확언 :

✔ 오늘 본 경제 기사 제목(요점, 이슈 등) :

✔ 오늘 공부한 지역 :

✔ 오늘 공부한 사이트 및 유튜브 채널 :

✔ 오늘의 관심 단지 및 시세(아파트명, 매매가, 전세가, 투자금) :

✔ 오늘 알게 된 세금 정보 :

JULY

6

제발 환경 탓은 하지 마세요

제가 공무원 공부를 할 때 많은 친구가 노량진에서 비싼 비용을 들여가며 공부했습니다. 하지만 저는 동네 독서실에 강의 테이프를 들으며 공부했어요. 그런데 노량진에서 공부한 친구보다 제가 더 빨리 합격했습니다. 결국 공부 환경보다 의지가 더 중요합니다. 이제 환경 탓은 그만하세요.

| CHECK |

✔ 오늘의 긍정 확언 :

✔ 오늘 본 경제 기사 제목(요점, 이슈 등) :

✔ 오늘 공부한 지역 :

✔ 오늘 공부한 사이트 및 유튜브 채널 :

✔ 오늘의 관심 단지 및 시세(아파트명, 매매가, 전세가, 투자금) :

✔ 오늘 알게 된 세금 정보 :

JULY

7

부동산 강의료를 아까워하지 마세요

부동산 강사는 부동산이라는 한 분야에 대해서만 연구하는 전문가입니다. 전문가가 되기 위해서는 거의 대부분의 시간을 부동산을 공부하고 강의를 만드는 데 투입합니다. 전문가의 부동산 강의를 듣는 것은 나의 시간을 그만큼 레버리지해서 더 빨리 올바른 방향으로 실행할 수 있게 도와줍니다. 부동산 강의를 듣기로 마음을 정했다면 돈을 아까워하지 마세요. 그 이상을 얻게 될 것입니다.

| **CHECK** |

✔ 오늘의 긍정 확언 :

✔ 오늘 본 경제 기사 제목(요점, 이슈 등) :

✔ 오늘 공부한 지역 :

✔ 오늘 공부한 사이트 및 유튜브 채널 :

✔ 오늘의 관심 단지 및 시세(아파트명, 매매가, 전세가, 투자금) :

✔ 오늘 알게 된 세금 정보 :

JULY

8

실행하면서 배우는 공부가 진짜 공부입니다

제 주변을 보면 부동산 공부만 죽어라 몇 년간 하는 사람이 많이 있어요. 공부는 열심히 하는데 겁이 나서 실행은 못 합니다. 하지만 진짜 공부는 실행하면서 배우는 것입니다. 매물을 고르고 공인중개사와 소통하고 계약서에 도장을 찍어봐야 그동안 배운 지식이 진짜 내 것이 된다는 것을 꼭 알았으면 합니다.

| **CHECK** |

✔ 오늘의 긍정 확언 :

✔ 오늘 본 경제 기사 제목(요점, 이슈 등) :

✔ 오늘 공부한 지역 :

✔ 오늘 공부한 사이트 및 유튜브 채널 :

✔ 오늘의 관심 단지 및 시세(아파트명, 매매가, 전세가, 투자금) :

✔ 오늘 알게 된 세금 정보 :

JULY

9

실패에서도 분명히 배우는 것이 있습니다

저는 첫 투자부터 실패했습니다. 제대로 공부도 하지 않고 실행부터 했기 때문입니다. 하지만 그 실패를 통해서도 분명 배운 것이 있습니다. 어떻게든 실행을 해봤기 때문에 더 이상 실행하는 것이 겁나지 않았습니다. 실패를 겁내지 않으면 우리는 뭐든 시도할 수 있습니다.

| **CHECK** |

✔ 오늘의 긍정 확언 :

✔ 오늘 본 경제 기사 제목(요점, 이슈 등) :

✔ 오늘 공부한 지역 :

✔ 오늘 공부한 사이트 및 유튜브 채널 :

✔ 오늘의 관심 단지 및 시세(아파트명, 매매가, 전세가, 투자금) :

✔ 오늘 알게 된 세금 정보 :

JULY

10

나보다 조금 앞서간 사람에게서 배우세요

부동산 강의를 들으면 이론적으로는 알 것 같은데 그것을 첫 단계부터 어떻게 실행해나갈지는 감조차 잡기 힘든 경우가 많아요. 그때 나에게 가장 큰 도움을 줄 수 있는 사람은 저 멀리 있는 부동산 전문가가 아니라 바로 직전에 이 단계를 겪어본, 나보다 조금 앞서간 사람입니다. 누구보다 나의 마음을 잘 알고 방법을 쉽게 알려줄 수 있습니다. 그런 사람에게 배우세요.

| **CHECK** |

✔ 오늘의 긍정 확언 :

✔ 오늘 본 경제 기사 제목(요점, 이슈 등) :

✔ 오늘 공부한 지역 :

✔ 오늘 공부한 사이트 및 유튜브 채널 :

✔ 오늘의 관심 단지 및 시세(아파트명, 매매가, 전세가, 투자금) :

✔ 오늘 알게 된 세금 정보 :

JULY

11

좋은 유튜브 채널은 이렇게 고르세요

좋은 유튜브 채널을 고르는 기준은 '진정성이 있느냐'입니다. 돈을 벌기 위한 목적인지 정말 다른 사람을 돕기 위한 목적인지를 잘 보세요. 얼마나 그 사람이 전문성이 있는지보다 정말 누군가를 도와주려고 하는 그 마음이 더 중요합니다.

| **CHECK** |

✔ 오늘의 긍정 확언 :

✔ 오늘 본 경제 기사 제목(요점, 이슈 등) :

✔ 오늘 공부한 지역 :

✔ 오늘 공부한 사이트 및 유튜브 채널 :

✔ 오늘의 관심 단지 및 시세(아파트명, 매매가, 전세가, 투자금) :

✔ 오늘 알게 된 세금 정보 :

JULY

12

옆집 엄마를 멀리하세요

아이를 유치원이나 학교에 데려다주다 보면 매일 동네 엄마들을 만나게 됩니다. 아무 생각 없이 차를 마시며 수다를 떨게 되면 오전 시간이 후딱 지나가버립니다. 시간은 무엇과도 바꿀 수 없습니다. 옆집 엄마를 멀리하고 그 시간을 오롯이 나를 위해 쓰세요.

| **CHECK** |

✔ 오늘의 긍정 확언 :

✔ 오늘 본 경제 기사 제목(요점, 이슈 등) :

✔ 오늘 공부한 지역 :

✔ 오늘 공부한 사이트 및 유튜브 채널 :

✔ 오늘의 관심 단지 및 시세(아파트명, 매매가, 전세가, 투자금) :

✔ 오늘 알게 된 세금 정보 :

JULY

13

하루에 5분이라도 괜찮습니다

매일 많은 양을 공부할 필요는 없습니다. 처음부터 너무 무리하면 하기가 싫어집니다. 양보다 중요한 것은 그것을 얼마나 지속할 수 있느냐입니다. 아이들 영어공부 시킬 때도 하루 딱 5분만 영어원서를 읽혔어요. 5년을 그렇게 하고 보니 이제는 혼자서도 영어책을 술술 읽게 되더라고요. 하루 중 5분이라도 매일 공부를 해보세요.

| **CHECK** |

✔ 오늘의 긍정 확언 :

✔ 오늘 본 경제 기사 제목(요점, 이슈 등) :

✔ 오늘 공부한 지역 :

✔ 오늘 공부한 사이트 및 유튜브 채널 :

✔ 오늘의 관심 단지 및 시세(아파트명, 매매가, 전세가, 투자금) :

✔ 오늘 알게 된 세금 정보 :

JULY

14

컴퓨터를 잘 다루지 못해도 괜찮습니다

부동산 공부를 하다 보면 엑셀, 파워포인트 등을 활용해야 하는 경우도 많습니다. 특히 나이가 많으신 분들은 이런 부분 때문에 공부를 시작하기도 전에 미리 포기하는 경우도 많습니다. 최근에 만난 수강생 중 두 분 정도가 파워포인트를 하지 못했지만 그 많은 과제를 손으로 모두 적고 그려서 끝까지 해내셨어요. 컴퓨터를 잘 다루지 못해서 공부를 못한다는 것은 어쩌면 핑계에 불과할 수도 있습니다.

| **CHECK** |

✔ 오늘의 긍정 확언 :

✔ 오늘 본 경제 기사 제목(요점, 이슈 등) :

✔ 오늘 공부한 지역 :

✔ 오늘 공부한 사이트 및 유튜브 채널 :

✔ 오늘의 관심 단지 및 시세(아파트명, 매매가, 전세가, 투자금) :

✔ 오늘 알게 된 세금 정보 :

JULY

15

우리만의 가족 임장 여행을 만들어보세요

꼭 호텔이나 관광지로 여행을 가야 가족과의 추억을 만들 수 있는 건 아닙니다. 가족 임장도 여행으로 충분히 활용할 수 있습니다. 임장을 하면서 꼭 그 지역의 체험할 거리, 맛집을 가보세요. 어떤 휴게소가 더 좋았는지 우리만의 순위도 매겨보세요. 임장이 여행이 되면 계속 가게 되고 가족의 추억도 그만큼 쌓이게 됩니다.

| CHECK |

✔ 오늘의 긍정 확언 :

✔ 오늘 본 경제 기사 제목(요점, 이슈 등) :

✔ 오늘 공부한 지역 :

✔ 오늘 공부한 사이트 및 유튜브 채널 :

✔ 오늘의 관심 단지 및 시세(아파트명, 매매가, 전세가, 투자금) :

✔ 오늘 알게 된 세금 정보 :

JULY

16

평일에 미리 임장 갈 지역을 공부해두세요

임장을 갈 지역에 관해 평일에 미리 공부해두세요. 저평가 지역을 정하고 그 지역의 입지를 분석해두세요. 그 지역을 이해해야 임장을 어떻게 할지 계획을 잡을 수 있습니다. 내가 아는 만큼 더 많은 것을 볼 수 있다는 것을 잊지 마세요.

| **CHECK** |

✔ 오늘의 긍정 확언 :

✔ 오늘 본 경제 기사 제목(요점, 이슈 등) :

✔ 오늘 공부한 지역 :

✔ 오늘 공부한 사이트 및 유튜브 채널 :

✔ 오늘의 관심 단지 및 시세(아파트명, 매매가, 전세가, 투자금) :

✔ 오늘 알게 된 세금 정보 :

JULY

17

그 도시의 구별, 동별 대장 아파트는 꼭 보고 오세요

임장을 할 때는 구(동)별 대장 아파트는 꼭 봐야 합니다. 왜 이 아파트를 더 선호하는지, 더 비싼지 분명 이유가 있을 거예요. 입지적인 요소들을 하나씩 살펴보면서 그 이유를 찾아보세요. 이렇게 비교를 통해서 입지에 대해 제대로 공부할 수 있습니다.

| **CHECK** |

✔ 오늘의 긍정 확언 :

✔ 오늘 본 경제 기사 제목(요점, 이슈 등) :

✔ 오늘 공부한 지역 :

✔ 오늘 공부한 사이트 및 유튜브 채널 :

✔ 오늘의 관심 단지 및 시세(아파트명, 매매가, 전세가, 투자금) :

✔ 오늘 알게 된 세금 정보 :

JULY

18

동네 대형마트에서 딱 하루라도 주민처럼 지내보세요

저는 임장을 가면 그 동네의 대형마트는 꼭 가봅니다. 마트는 그 동네 주민들의 자연스러운 모습을 볼 수 있는 장소이기 때문입니다. 단 하루라도 그곳의 주민이 되어서 쇼핑도 하고 밥도 먹고 키즈카페에도 가보세요. 짧은 시간이지만 그 도시가 조금 더 친숙하게 다가올 거예요.

| CHECK |

✔ 오늘의 긍정 확언 :

✔ 오늘 본 경제 기사 제목(요점, 이슈 등) :

✔ 오늘 공부한 지역 :

✔ 오늘 공부한 사이트 및 유튜브 채널 :

✔ 오늘의 관심 단지 및 시세(아파트명, 매매가, 전세가, 투자금) :

✔ 오늘 알게 된 세금 정보 :

JULY

19

부동산중개소에 들어가기 전에는 미리 예약하세요

부동산중개소에 갑자기 들르게 되면 공인중개사들이 다른 계약 건이 있을 수도 있고 준비가 되어 있지 않은 상태일 수 있습니다. 먼 길을 갔는데 제대로 이야기조차 못 하고 나와야 할 수도 있습니다. 그래서 하루 전이나 몇 시간 전이라도 방문하겠다고 예약해두는 것이 좋습니다. 그렇게 하면 공인중개사에게서 좀 더 준비된 좋은 정보를 얻을 수 있습니다.

| **CHECK** |

✔ 오늘의 긍정 확언 :

✔ 오늘 본 경제 기사 제목(요점, 이슈 등) :

✔ 오늘 공부한 지역 :

✔ 오늘 공부한 사이트 및 유튜브 채널 :

✔ 오늘의 관심 단지 및 시세(아파트명, 매매가, 전세가, 투자금) :

✔ 오늘 알게 된 세금 정보 :

JULY

20

무작정 부동산중개소에 들어갈 필요는 없습니다

부동산 임장을 가면 무조건 부동산중개소에 들러야 한다고 생각하는 경우가 많아요. 하지만 그 지역에 대해서 아무것도 모르는 상태에서 중개소에 들르면 어떤 질문을 할지도 떠오르지 않고 괜히 시간 낭비만 하게 됩니다. 중개소는 내가 이 지역에 대한 공부가 되어 있는 상태에서 데이터로 확인할 수 없는 것을 묻기 위해 간다고 생각하세요.

| CHECK |

✔ 오늘의 긍정 확언 :

✔ 오늘 본 경제 기사 제목(요점, 이슈 등) :

✔ 오늘 공부한 지역 :

✔ 오늘 공부한 사이트 및 유튜브 채널 :

✔ 오늘의 관심 단지 및 시세(아파트명, 매매가, 전세가, 투자금) :

✔ 오늘 알게 된 세금 정보 :

JULY

21

아이들 경제교육은 현장에서 시키세요

요즘은 아이들 경제교육에 관심이 많습니다. 일부러 돈 들여서 경제교육 시키지 말고 아이들과 매주 임장을 가보세요. 이렇게 낡은 아파트는 나중에 새 아파트로 변신할 곳이니까 이런 곳에 관심을 가지라고 아이에게 이야기해보세요. 경제교육은 책이 아니라 현장에서 배울 때 가장 효과가 큽니다.

| **CHECK** |

✔ 오늘의 긍정 확언 :

✔ 오늘 본 경제 기사 제목(요점, 이슈 등) :

✔ 오늘 공부한 지역 :

✔ 오늘 공부한 사이트 및 유튜브 채널 :

✔ 오늘의 관심 단지 및 시세(아파트명, 매매가, 전세가, 투자금) :

✔ 오늘 알게 된 세금 정보 :

JULY

22

매일 경제 기사를 읽고 나의 생각을 정리해보세요

경제 기사를 읽는 것은 중요합니다. 세상이 어떤 흐름으로 가고 있는지를 알아야 합니다. 부동산 역시 외부의 영향을 받기 때문입니다. 매일 경제 기사를 읽고 나의 생각을 한 줄이라도 적어보세요. 그것이 경제를 바라보는 안목을 키워줄 것입니다.

| **CHECK** |

✔ 오늘의 긍정 확언 :

✔ 오늘 본 경제 기사 제목(요점, 이슈 등) :

✔ 오늘 공부한 지역 :

✔ 오늘 공부한 사이트 및 유튜브 채널 :

✔ 오늘의 관심 단지 및 시세(아파트명, 매매가, 전세가, 투자금) :

✔ 오늘 알게 된 세금 정보 :

JULY

23

경제 기사는 비판적으로 읽으세요

경제 기사를 무조건 다 믿어선 안됩니다. 어떤 사람은 부동산이 하락한다, 어떤 사람은 부동산이 상승한다고 합니다. 나의 기준이 없으면 이 말에 흔들리고 저 말에 흔들립니다. 항상 나의 기준을 가지고 비판적으로 기사를 읽으면서, 취할 건 취하고 버릴 건 버리는 자세가 필요합니다.

| **CHECK** |

✔ 오늘의 긍정 확언 :

✔ 오늘 본 경제 기사 제목(요점, 이슈 등) :

✔ 오늘 공부한 지역 :

✔ 오늘 공부한 사이트 및 유튜브 채널 :

✔ 오늘의 관심 단지 및 시세(아파트명, 매매가, 전세가, 투자금) :

✔ 오늘 알게 된 세금 정보 :

JULY

24

블로그나 카페에 공부 인증을 해보세요

혼자 공부를 하다 보면 어느 순간 해이해지기 쉽습니다. 이럴 때는 블로그나 카페에 부동산 공부를 시작하겠다고 선언해보세요. 그리고 매일 공부한 것을 인증해보세요. 그것이 나에게 강제성을 줍니다. 누군가가 나를 지지하고 바라보고 있다는 것을 인식하면 꾸준히 움직이게 됩니다. 부끄러워하지 말고 지금 바로 시작해보세요.

| **CHECK** |

✔ 오늘의 긍정 확언 :

✔ 오늘 본 경제 기사 제목(요점, 이슈 등) :

✔ 오늘 공부한 지역 :

✔ 오늘 공부한 사이트 및 유튜브 채널 :

✔ 오늘의 관심 단지 및 시세(아파트명, 매매가, 전세가, 투자금) :

✔ 오늘 알게 된 세금 정보 :

JULY

25

부동산 책은 딱 하나를 정하세요

처음에는 나에게 맞는 부동산 책을 찾기 위해 최대한 많은 책을 보는 것도 좋아요. 하지만 그 과정을 통해서 가장 신뢰할 수 있는 단 한 권의 책을 정하세요. 그리고 그것을 계속 반복적으로 읽으면서 그 내용을 진짜 내 것으로 만들어보세요. 100권의 책보다 단 한 권의 책이 나의 인생을 변화시킨다는 것을 기억하세요.

| **CHECK** |

✔ 오늘의 긍정 확언 :

✔ 오늘 본 경제 기사 제목(요점, 이슈 등) :

✔ 오늘 공부한 지역 :

✔ 오늘 공부한 사이트 및 유튜브 채널 :

✔ 오늘의 관심 단지 및 시세(아파트명, 매매가, 전세가, 투자금) :

✔ 오늘 알게 된 세금 정보 :

JULY

26

매일 딱 3시간만 확보하세요

부동산 공부를 하는 데 가장 중요한 것은 시간 확보입니다. 새벽이든 저녁이든 매일 3시간은 무조건 정해서 부동산 공부를 하세요. 시간을 확보하려면 기존에 하던 것을 중요도에 따라 가지치기를 할 수밖에 없습니다. 시간을 확보했다면 매일 꾸준히 무조건 그 시간에는 부동산 공부를 하세요.

| **CHECK** |

✔ 오늘의 긍정 확언 :

✔ 오늘 본 경제 기사 제목(요점, 이슈 등) :

✔ 오늘 공부한 지역 :

✔ 오늘 공부한 사이트 및 유튜브 채널 :

✔ 오늘의 관심 단지 및 시세(아파트명, 매매가, 전세가, 투자금) :

✔ 오늘 알게 된 세금 정보 :

JULY

27

내일 공부할 것을 미리 정하고 자야 그 시간에 일어날 수 있어요

우리가 꾸준히 정해진 시간에 일어나기 위해서는 잠들기 전에 내일 무엇을 할지 미리 정해야 합니다. 오늘 지역의 흐름 분석 공부를 했다면 내일은 그 지역의 입지 분석을 해보겠다고 적어보세요. 매일 그것을 하기 위해 정해진 시간에 무조건 일어나게 될 것입니다.

| **CHECK** |

✔ 오늘의 긍정 확언 :

✔ 오늘 본 경제 기사 제목(요점, 이슈 등) :

✔ 오늘 공부한 지역 :

✔ 오늘 공부한 사이트 및 유튜브 채널 :

✔ 오늘의 관심 단지 및 시세(아파트명, 매매가, 전세가, 투자금) :

✔ 오늘 알게 된 세금 정보 :

JULY

28

혼자가 힘들다면 함께할 동료를 만드세요

공부 시간 확보를 위해 매일 혼자 새벽 기상을 하는 것이 외롭고 힘들 수 있어요. 그럴 땐 함께할 동료를 만들어보세요. 새벽 기상 모임에 참여하거나 내가 직접 그런 모임을 만들 수도 있습니다. 동료가 있으면 꾸준히 새벽 기상을 할 수 있습니다. 오늘 새벽에 나 말고도 함께 새벽 기상을 하는 사람이 있다면 그것만으로 든든할 것입니다.

| CHECK |

✔ 오늘의 긍정 확언 :

✔ 오늘 본 경제 기사 제목(요점, 이슈 등) :

✔ 오늘 공부한 지역 :

✔ 오늘 공부한 사이트 및 유튜브 채널 :

✔ 오늘의 관심 단지 및 시세(아파트명, 매매가, 전세가, 투자금) :

✔ 오늘 알게 된 세금 정보 :

JULY

29

무료 플랫폼을 적극 활용하세요

요즘은 무료로 활용할 수 있는 플랫폼이 정말 많습니다. 매일 플랫폼에 들어가서 매매지수, 미분양, 입주 물량, 청약경쟁률을 확인하면서 그 데이터를 해석해보세요. 요즘처럼 정보 과잉인 세상에서 가장 중요한 건 데이터 해석 능력입니다. 매일 그 능력을 키워보세요.

TIP 추천 플랫폼 : 아실, 부동산지인, 한국부동산원, kb리브온 등

| **CHECK** |

✔ 오늘의 긍정 확언 :

✔ 오늘 본 경제 기사 제목(요점, 이슈 등) :

✔ 오늘 공부한 지역 :

✔ 오늘 공부한 사이트 및 유튜브 채널 :

✔ 오늘의 관심 단지 및 시세(아파트명, 매매가, 전세가, 투자금) :

✔ 오늘 알게 된 세금 정보 :

JULY

30

이제는 스스로 저평가 지역을 찾고 임장을 가보세요

누군가에게 의지하면 그 순간은 편합니다. 하지만 언제까지 부모님 그늘 아래 있을 수는 없듯이 결국은 혼자서 그 세상 속으로 걸어 들어가야 합니다. 당장은 두려울 수 있지만 분명 내가 노력한 시간이 있기에 그 과정을 잘 견뎌나갈 수 있을 겁니다.

| **CHECK** |

✔ 오늘의 긍정 확언 :

✔ 오늘 본 경제 기사 제목(요점, 이슈 등) :

✔ 오늘 공부한 지역 :

✔ 오늘 공부한 사이트 및 유튜브 채널 :

✔ 오늘의 관심 단지 및 시세(아파트명, 매매가, 전세가, 투자금) :

✔ 오늘 알게 된 세금 정보 :

JULY

31

시간이 날 때마다 동네 도서관에 가세요

제가 사는 곳에 새로 생긴 도서관이 있었어요. 거의 매일 동네 도서관에 가서 경제경영 코너에 있는 부동산 관련 책은 거의 다 읽었습니다. 이렇게 책을 보고 마음에 드는 책은 실제로 구입했기 때문에 실패를 줄일 수 있었어요. 주말에는 아이들과 함께 도서관에 가보세요. 함께 책을 읽는 습관을 가지고 우리 가족의 루틴으로 만들어보세요.

| **CHECK** |

✔ 오늘의 긍정 확언 :

✔ 오늘 본 경제 기사 제목(요점, 이슈 등) :

✔ 오늘 공부한 지역 :

✔ 오늘 공부한 사이트 및 유튜브 채널 :

✔ 오늘의 관심 단지 및 시세(아파트명, 매매가, 전세가, 투자금) :

✔ 오늘 알게 된 세금 정보 :

8

AUGUST

계약부터 잔금까지 이렇게 하세요

AUGUST

1

가계약금 입금 전 잔금일과 전세 놓는 부분을 협상하세요

가계약금을 넣기 전이 공인중개사, 매도인과 협상하기 가장 좋은 시점입니다. 잔금일을 4개월 이상 하는 부분과 전세매물을 다른 부동산에도 내놓는 부분, 중도금을 설정하는 부분을 이때 협상하세요. 공인중개사는 어떻게든 계약을 성사시키기 위해 나의 요구를 들어주려고 노력할 것입니다.

| **CHECK** |

✔ 오늘의 긍정 확언 :

✔ 오늘 본 경제 기사 제목(요점, 이슈 등) :

✔ 오늘 공부한 지역 :

✔ 오늘 공부한 사이트 및 유튜브 채널 :

✔ 오늘의 관심 단지 및 시세(아파트명, 매매가, 전세가, 투자금) :

✔ 오늘 알게 된 세금 정보 :

AUGUST

2

가계약금은 최대한 빨리 입금하세요

제 지인은 가계약금을 송금할 계좌를 받았는데 입금을 배우자가 해야 해서 입금을 빨리 하지 못했어요. 그사이 매도자가 마음을 바꿔서 팔지 않겠다고 했습니다. 그때 지인이 정말 속상해했습니다. 확신이 들 땐 빠른 결정이 필요합니다.

| **CHECK** |

✔ 오늘의 긍정 확언 :

✔ 오늘 본 경제 기사 제목(요점, 이슈 등) :

✔ 오늘 공부한 지역 :

✔ 오늘 공부한 사이트 및 유튜브 채널 :

✔ 오늘의 관심 단지 및 시세(아파트명, 매매가, 전세가, 투자금) :

✔ 오늘 알게 된 세금 정보 :

AUGUST

3

가계약금을 넣기 전 미리 대출을 알아보세요

혹시나 잔금일에 전세가 맞춰지지 않을 것을 대비해서 미리 대출 가능 여부를 알아봐야 합니다. 계약금을 보냈는데 대출이 되지 않으면 정말 되돌리기 힘듭니다. 미리 가계약금을 입금하기 전에 대출 가능 여부를 알아보는 것이 중요합니다. 돌다리도 두들겨보며 건너야 합니다.

| **CHECK** |

✔ 오늘의 긍정 확언 :

✔ 오늘 본 경제 기사 제목(요점, 이슈 등) :

✔ 오늘 공부한 지역 :

✔ 오늘 공부한 사이트 및 유튜브 채널 :

✔ 오늘의 관심 단지 및 시세(아파트명, 매매가, 전세가, 투자금) :

✔ 오늘 알게 된 세금 정보 :

AUGUST

4

가계약 단계부터 문자나 카톡으로 남겨두세요

가계약금을 송금하면 꼭 공인중개사에게 요청해서 가계약 날짜, 상세 물건 정보, 계약사항, 중도금 지급 방법 등을 문자로 받아야 합니다. 이렇게 해야 정식 계약서가 작성되지 않았다고 하더라도 매매계약으로 성립됐다고 판단할 수 있기 때문입니다.

| **CHECK** |

✔ 오늘의 긍정 확언 :

✔ 오늘 본 경제 기사 제목(요점, 이슈 등) :

✔ 오늘 공부한 지역 :

✔ 오늘 공부한 사이트 및 유튜브 채널 :

✔ 오늘의 관심 단지 및 시세(아파트명, 매매가, 전세가, 투자금) :

✔ 오늘 알게 된 세금 정보 :

AUGUST

5

계약금을 보내기 전 등기부등본은 꼭 확인하세요

등기부등본에는 매도인의 권리사항이 모두 담겨 있어요. 등기부등본은 인터넷등기소에서 동호수만 알면 발급 가능하기 때문에 꼭 현 시점에서 발급해서 꼼꼼하게 확인하세요.

| CHECK |

✔ 오늘의 긍정 확언 :

✔ 오늘 본 경제 기사 제목(요점, 이슈 등) :

✔ 오늘 공부한 지역 :

✔ 오늘 공부한 사이트 및 유튜브 채널 :

✔ 오늘의 관심 단지 및 시세(아파트명, 매매가, 전세가, 투자금) :

✔ 오늘 알게 된 세금 정보 :

AUGUST

6

계약 시 상대방의 신분증은 꼭 확인하세요

계약할 때는 계약하러 나온 사람과 계약서상의 소유주가 일치하는지 신분증을 꼭 확인하세요. 대리인이 나올 경우 소유주의 신분증, 대리인 위임장, 인감증명서를 꼭 확인하세요. 꼼꼼해서 손해 볼 것은 없습니다.

| **CHECK** |

✔ 오늘의 긍정 확언 :

✔ 오늘 본 경제 기사 제목(요점, 이슈 등) :

✔ 오늘 공부한 지역 :

✔ 오늘 공부한 사이트 및 유튜브 채널 :

✔ 오늘의 관심 단지 및 시세(아파트명, 매매가, 전세가, 투자금) :

✔ 오늘 알게 된 세금 정보 :

AUGUST

7

하자에 대한 부분은 꼭 특약에 넣으세요

구축 아파트일 경우는 매수 전 집을 최대한 꼼꼼하게 보고 하자가 있는지 보세요. 아울러 중대한 하자 발생 시 6개월 이내 매도인 책임으로 한다는 내용을 특약에 꼭 넣으세요. 누수와 같은 중대한 하자는 육안으로 발견하기 어렵기 때문에 꼭 특약을 넣는 것이 중요합니다.

| **CHECK** |

✔ 오늘의 긍정 확언 :

✔ 오늘 본 경제 기사 제목(요점, 이슈 등) :

✔ 오늘 공부한 지역 :

✔ 오늘 공부한 사이트 및 유튜브 채널 :

✔ 오늘의 관심 단지 및 시세(아파트명, 매매가, 전세가, 투자금) :

✔ 오늘 알게 된 세금 정보 :

AUGUST

8

잔금일은 6월 1일 이후로 잡으세요

6월 1일 기준으로 소유권을 가진 사람에게 재산세가 부과됩니다. 5월 31일이나 6월 1일 당일에 잔금을 치렀다면 매수인이 재산세를 부담하게 됩니다. 따라서 만약 잔금일이 6월 1일에 근접한다면 6월 1일 이후 잔금일을 잡는 것이 좋습니다. 아는 만큼 내 돈을 아낄 수 있습니다.

| CHECK |

✔ 오늘의 긍정 확언 :

✔ 오늘 본 경제 기사 제목(요점, 이슈 등) :

✔ 오늘 공부한 지역 :

✔ 오늘 공부한 사이트 및 유튜브 채널 :

✔ 오늘의 관심 단지 및 시세(아파트명, 매매가, 전세가, 투자금) :

✔ 오늘 알게 된 세금 정보 :

AUGUST

9

잔금일 전 세입자를 들이게 되면 이삿날을 조정할 수 있다고 특약에 넣으세요

보통 잔금일은 2~3개월 정도로 잡습니다. 하지만 잔금일을 4개월 이상 넉넉하게 잡는 것은 혹시라도 매수 계약 이후 전세 세입자를 빨리 못 구할 것에 대비하기 위함입니다. 전세 세입자가 잔금일 전에 들어올 것에 대비해서 특약에 문구를 넣어두면 이삿날을 조정해서 잔금일을 당길 수도 있다는 것을 기억하세요.

| **CHECK** |

✔ 오늘의 긍정 확언 :

✔ 오늘 본 경제 기사 제목(요점, 이슈 등) :

✔ 오늘 공부한 지역 :

✔ 오늘 공부한 사이트 및 유튜브 채널 :

✔ 오늘의 관심 단지 및 시세(아파트명, 매매가, 전세가, 투자금) :

✔ 오늘 알게 된 세금 정보 :

AUGUST

10

계약하는 날 정해진 시간보다 일찍 가세요

계약하는 날은 정해진 시간보다 일찍 부동산에 가는 것이 좋습니다. 일찍 가서 특약에 넣고 싶은 내용을 공인중개사와 협의하면서 협상의 우선권을 가져올 수 있습니다. 일찍 일어나는 새가 벌레는 잡아먹는다는 것을 명심하세요.

| CHECK |

✔ 오늘의 긍정 확언 :

✔ 오늘 본 경제 기사 제목(요점, 이슈 등) :

✔ 오늘 공부한 지역 :

✔ 오늘 공부한 사이트 및 유튜브 채널 :

✔ 오늘의 관심 단지 및 시세(아파트명, 매매가, 전세가, 투자금) :

✔ 오늘 알게 된 세금 정보 :

AUGUST

11

계약 단계부터 공인중개사에게 위임할 수 있습니다

전국을 대상으로 투자를 하다 보면 피치 못할 사정으로 계약 날부터 못 가는 경우가 있습니다. 미리 공인중개사에게 계약, 잔금, 전세를 맞추는 부분까지 위임하면 직접 가지 않아도 됩니다. 장거리 투자도 쉽게 할 수 있으니 미리 걱정하지 마세요.

| **CHECK** |

✔ 오늘의 긍정 확언 :

✔ 오늘 본 경제 기사 제목(요점, 이슈 등) :

✔ 오늘 공부한 지역 :

✔ 오늘 공부한 사이트 및 유튜브 채널 :

✔ 오늘의 관심 단지 및 시세(아파트명, 매매가, 전세가, 투자금) :

✔ 오늘 알게 된 세금 정보 :

AUGUST

12

배액배상을 피하려면 중도금은 꼭 설정하세요

계약서를 작성할 때 중도금을 설정하면 매도인이 함부로 그 계약을 파기하지 못합니다. 중도금을 설정하지 않으면 매도인은 배액배상을 통해 계약을 파기할 수 있습니다. 상승장인 곳의 부동산을 매수할 때는 반드시 중도금을 설정하세요.

| CHECK |

✔ 오늘의 긍정 확언 :

✔ 오늘 본 경제 기사 제목(요점, 이슈 등) :

✔ 오늘 공부한 지역 :

✔ 오늘 공부한 사이트 및 유튜브 채널 :

✔ 오늘의 관심 단지 및 시세(아파트명, 매매가, 전세가, 투자금) :

✔ 오늘 알게 된 세금 정보 :

AUGUST

13

계약시 대리인이 나오면 꼼꼼하게 확인하세요

계약시 대리인이 대신 나온 경우 위임장에 매매계약과 잔금수령에 대한 부분의 기재 여부, 위임자의 인감증명서 및 신분증, 수임인의 신분증, 수임인의 연락처까지 꼼꼼하게 확인하세요.

| **CHECK** |

✔ 오늘의 긍정 확언 :

✔ 오늘 본 경제 기사 제목(요점, 이슈 등) :

✔ 오늘 공부한 지역 :

✔ 오늘 공부한 사이트 및 유튜브 채널 :

✔ 오늘의 관심 단지 및 시세(아파트명, 매매가, 전세가, 투자금) :

✔ 오늘 알게 된 세금 정보 :

AUGUST

14

중개수수료는 미리 협상하세요

부동산 중개수수료는 계약서 쓰기 전에 미리 협상하세요. 한 부동산에서 전세까지 중개할 경우 전세에 대한 중개수수료는 받지 않는 경우가 많으니 꼭 미리 협상하는 것이 좋습니다. 집주인이 그 집에 전세를 사는 점유개정 물건인 경우 전세를 놓는 부분에 대해서는 중개수수료가 발생하지 않는다는 것도 기억하세요.

| **CHECK** |

✔ 오늘의 긍정 확언 :

✔ 오늘 본 경제 기사 제목(요점, 이슈 등) :

✔ 오늘 공부한 지역 :

✔ 오늘 공부한 사이트 및 유튜브 채널 :

✔ 오늘의 관심 단지 및 시세(아파트명, 매매가, 전세가, 투자금) :

✔ 오늘 알게 된 세금 정보 :

AUGUST

15

10만 원 이상 중개수수료 발생 시 현금영수증을 발급받으세요

10만 원 이상 중개수수료가 발생하면 현금영수증을 발급받을 수 있습니다. 어떤 공인중개사들은 현금영수증 처리를 잘 해주지 않으려고 합니다. 하지만 양도소득세를 낼 때 중개수수료는 필요경비로 공제할 수 있으니 꼭 현금영수증 처리하세요.

| CHECK |

✔ 오늘의 긍정 확언 :

✔ 오늘 본 경제 기사 제목(요점, 이슈 등) :

✔ 오늘 공부한 지역 :

✔ 오늘 공부한 사이트 및 유튜브 채널 :

✔ 오늘의 관심 단지 및 시세(아파트명, 매매가, 전세가, 투자금) :

✔ 오늘 알게 된 세금 정보 :

AUGUST

16

중개수수료를 무리하게 깎지 마세요

중개수수료는 공인중개사 입장에서는 계약부터 잔금까지 성사시켰을 때 받을 수 있는 가장 큰 수익입니다. 무리하게 수수료를 조정하려고 하는 과정에서 공인중개사와의 관계가 틀어질 수 있습니다. 전국을 대상으로 투자하게 되면 매번 수리나 월세미납 등의 문제가 발생할 때마다 가기가 번거롭습니다. 이럴 때 도와줄 수 있는 사람이 공인중개사입니다. 수수료를 조정해서 얻게 되는 수익보다 공인중개사와의 관계가 더 중요하다는 것을 잊지 마세요.

| CHECK |

✔ 오늘의 긍정 확언 :

✔ 오늘 본 경제 기사 제목(요점, 이슈 등) :

✔ 오늘 공부한 지역 :

✔ 오늘 공부한 사이트 및 유튜브 채널 :

✔ 오늘의 관심 단지 및 시세(아파트명, 매매가, 전세가, 투자금) :

✔ 오늘 알게 된 세금 정보 :

AUGUST

17

공인중개사와 오랫동안 좋은 관계를 유지하려면 이렇게 하세요

공인중개사와 좋은 관계를 유지하기 위해서는 적극적으로 감사를 표현하는 것이 좋습니다. 저는 잔금과 세입자를 놓는 부분까지 잘 해결되면 중개수수료 외에도 감사의 의미로 선물을 합니다. 명절에도 선물을 하면 좋습니다. 누군가가 나에게 지속적으로 감사를 표현한다면 싫어할 사람은 아무도 없습니다.

| **CHECK** |

✔ 오늘의 긍정 확언 :

✔ 오늘 본 경제 기사 제목(요점, 이슈 등) :

✔ 오늘 공부한 지역 :

✔ 오늘 공부한 사이트 및 유튜브 채널 :

✔ 오늘의 관심 단지 및 시세(아파트명, 매매가, 전세가, 투자금) :

✔ 오늘 알게 된 세금 정보 :

AUGUST

18

직거래말고 중개거래하세요

요즘은 가족 간이나 지인 간의 직거래가 늘어나고 있습니다. 하지만 중개수수료 아끼려고 직거래를 했다가 정말 낭패를 볼 수 있습니다. 상대방이 채무를 불이행할 시 중개거래의 경우 위약금에 대한 특약을 넣거나 공제가입 등으로 배상을 받을 수 있지만 직거래는 배상을 받지 못할 수 있음을 꼭 기억하세요.

| CHECK |

✔ 오늘의 긍정 확언 :

✔ 오늘 본 경제 기사 제목(요점, 이슈 등) :

✔ 오늘 공부한 지역 :

✔ 오늘 공부한 사이트 및 유튜브 채널 :

✔ 오늘의 관심 단지 및 시세(아파트명, 매매가, 전세가, 투자금) :

✔ 오늘 알게 된 세금 정보 :

AUGUST

19

법무사는 미리 알아보세요

중개업소에서 연결해주는 법무사는 수수료를 많이 요구하는 경우가 많아요. 그래서 미리 법무사 몇 군데에 견적을 의뢰해서 비교하는 것이 좋아요. 요즘은 '법무통' 같은 앱을 활용하면 여러 군데 법무사를 비교할 수 있어 좋습니다.

| **CHECK** |

✔ 오늘의 긍정 확언 :

✔ 오늘 본 경제 기사 제목(요점, 이슈 등) :

✔ 오늘 공부한 지역 :

✔ 오늘 공부한 사이트 및 유튜브 채널 :

✔ 오늘의 관심 단지 및 시세(아파트명, 매매가, 전세가, 투자금) :

✔ 오늘 알게 된 세금 정보 :

AUGUST

20

세입자와 무조건 잘 지내세요

새로 입주한 아파트의 경우 하자가 많아요. 아무리 사전입주 점검 때 꼼꼼하게 체크를 해도 살면서 발견하는 하자도 많습니다. 그런 하자들은 세입자가 하자 접수를 해줘야 합니다. 그리고 요즘은 임대차3법 중 계약갱신청구권을 세입자가 요구할 수 있습니다. 하지만 저는 늘 법보다 우선하는 게 사람이라고 생각합니다. 세입자와 잘 지내면 이런 부분들에 대해 부탁이라도 해볼 수 있기 때문에 무조건 잘 지내는 것이 나에게도 이득입니다.

| **CHECK** |

✔ 오늘의 긍정 확언 :

✔ 오늘 본 경제 기사 제목(요점, 이슈 등) :

✔ 오늘 공부한 지역 :

✔ 오늘 공부한 사이트 및 유튜브 채널 :

✔ 오늘의 관심 단지 및 시세(아파트명, 매매가, 전세가, 투자금) :

✔ 오늘 알게 된 세금 정보 :

AUGUST

21

세입자와 잘 지내려면 이렇게 하세요

계약하고 잔금을 치를 때 전세 들어와주어서 고맙다고 세입자에게 선물을 하세요. 명절이나 세입자의 생일까지 생기면 더 좋습니다. 그리고 세입자의 웬만한 요구는 무리한 것이 아니라면 다 들어주세요. 사람들은 나에게 호의를 베풀면 도와주고 싶어 합니다. 꼭 비싼 선물이 아니라 작은 손편지 하나도 좋습니다. 진심으로 대하면 상대방도 진심으로 나를 대하게 됩니다.

| **CHECK** |

✔ 오늘의 긍정 확언 :

✔ 오늘 본 경제 기사 제목(요점, 이슈 등) :

✔ 오늘 공부한 지역 :

✔ 오늘 공부한 사이트 및 유튜브 채널 :

✔ 오늘의 관심 단지 및 시세(아파트명, 매매가, 전세가, 투자금) :

✔ 오늘 알게 된 세금 정보 :

AUGUST

22

좋은 부동산중개소는 이렇게 찾으세요

나와 잘 맞고 좋은 부동산중개소를 찾기 위해서는 미리 전화 임장을 해보는 것이 좋습니다. 전화 임장을 통해서 대화해 보면 나와 잘 맞는 사람인지를 알 수 있습니다. 전화를 할 때는 관심 아파트 인근에 있는 부동산중개소에 전화하세요. 그런 곳이 그 아파트의 매물을 가장 많이 갖고 있습니다. 그렇게 부동산을 정하고 방문하는 것이 좋은 부동산중개소를 찾는 방법입니다.

| **CHECK** |

✔ 오늘의 긍정 확언 :

✔ 오늘 본 경제 기사 제목(요점, 이슈 등) :

✔ 오늘 공부한 지역 :

✔ 오늘 공부한 사이트 및 유튜브 채널 :

✔ 오늘의 관심 단지 및 시세(아파트명, 매매가, 전세가, 투자금) :

✔ 오늘 알게 된 세금 정보 :

AUGUST

23

말만 많은 공인중개사는 조심하세요

최근에 제가 만난 공인중개사는 자기 자랑만 계속했어요. 이 동네에서는 본인이 물건을 제일 많이 가지고 있고 거래도 제일 많이 한다고 했어요. 그런데 막상 계약하러 갔더니 저에게 설명했던 조건들과는 너무 달랐어요. 물건의 상태도 달랐고 나간다고 했던 세입자도 퇴거하지 않는다고 했죠. 빈 수레가 요란하듯 너무 말이 많은 공인중개사는 늘 조심하세요.

| CHECK |

✔ 오늘의 긍정 확언 :

✔ 오늘 본 경제 기사 제목(요점, 이슈 등) :

✔ 오늘 공부한 지역 :

✔ 오늘 공부한 사이트 및 유튜브 채널 :

✔ 오늘의 관심 단지 및 시세(아파트명, 매매가, 전세가, 투자금) :

✔ 오늘 알게 된 세금 정보 :

AUGUST

24

여름 휴가철에 부동산에 가세요

여름 휴가철이 되면 거리도 한산하고 특히 부동산은 더 한산합니다. 이럴 때가 기회입니다. 조용한 부동산에 들어가면 공인중개사들이 더 반겨주며 손님 대접을 해줍니다. 거래가 없다가 집을 사겠다고 하면 매도자들도 알아서 가격을 깎아주는 경우도 많아요. 여름 휴가철에 휴가는 잠시 미루고 부동산으로 휴가를 떠나세요.

| CHECK |

✔ 오늘의 긍정 확언 :

✔ 오늘 본 경제 기사 제목(요점, 이슈 등) :

✔ 오늘 공부한 지역 :

✔ 오늘 공부한 사이트 및 유튜브 채널 :

✔ 오늘의 관심 단지 및 시세(아파트명, 매매가, 전세가, 투자금) :

✔ 오늘 알게 된 세금 정보 :

AUGUST

25

전세 매물은 최대한 많은 부동산에 내놓으세요

전세 매물은 최대한 많은 부동산에 내놓아야 합니다. 공인중개사들은 본인의 물건이어야 더 적극적으로 홍보해주기 때문입니다. 구체적인 아파트명, 동호수, 원하는 전세 가격, 옵션, 내부 사진, 세입자에게 줄 수 있는 혜택을 넣어서 100군데 정도의 부동산에 문자를 보내세요. 많이 홍보할수록 세입자를 구할 확률도 커집니다.

| CHECK |

✔ 오늘의 긍정 확언 :

✔ 오늘 본 경제 기사 제목(요점, 이슈 등) :

✔ 오늘 공부한 지역 :

✔ 오늘 공부한 사이트 및 유튜브 채널 :

✔ 오늘의 관심 단지 및 시세(아파트명, 매매가, 전세가, 투자금) :

✔ 오늘 알게 된 세금 정보 :

AUGUST

26

상대방의 입장에서 생각하세요

부동산 계약이나 잔금 과정에서 서로 마음이 상하는 경우를 많이 봤습니다. 큰돈이 오고가기 때문에 혹시나 하는 마음으로 의심을 하면 협상이 잘 진행되지 않습니다. 가장 중요한 것은 신뢰입니다. 매수자가 잔금을 치르기 전에 인테리어 공사를 하는 경우 중도금을 받고 허락을 할 수도 있습니다. 또는 세입자가 잔금을 치르기 전에 새 가구를 먼저 집에 들이는 경우도, 그분을 신뢰하면 중도금을 받고 허락할 수도 있습니다. 서로 신뢰하고 상대방의 입장에서 생각하면 훨씬 더 수월하게 계약을 진행할 수 있습니다.

| **CHECK** |

✔ 오늘의 긍정 확언 :

✔ 오늘 본 경제 기사 제목(요점, 이슈 등) :

✔ 오늘 공부한 지역 :

✔ 오늘 공부한 사이트 및 유튜브 채널 :

✔ 오늘의 관심 단지 및 시세(아파트명, 매매가, 전세가, 투자금) :

✔ 오늘 알게 된 세금 정보 :

AUGUST

27

공동중개의 경우 이런 건 꼭 조심하세요

요즘은 공동중개 물건이 많습니다. 공동중개는 다른 부동산에서 의뢰받은 물건을 같이 중개하는 경우입니다. 이럴 때 주의할 점은 나와 소통하고 있는 공인중개사의 물건이 아닐 경우에는 그 물건에 대한 정보를 더더욱 정확하게 알아봐야 한다는 것입니다. 전달 과정에서 중요한 정보가 누락될 수가 있기 때문입니다. 이로 인한 피해는 결국 나에게 온다는 것을 잊지 마세요.

| **CHECK** |

✔ 오늘의 긍정 확언 :

✔ 오늘 본 경제 기사 제목(요점, 이슈 등) :

✔ 오늘 공부한 지역 :

✔ 오늘 공부한 사이트 및 유튜브 채널 :

✔ 오늘의 관심 단지 및 시세(아파트명, 매매가, 전세가, 투자금) :

✔ 오늘 알게 된 세금 정보 :

AUGUST

28

칭찬은 공인중개사를 춤추게 합니다

누구든 칭찬에는 약합니다. 다른 사람들이 나를 좋게 평가하는 것만큼 기쁜 일도 없을 겁니다. 특히 공인중개사에게 외모 칭찬을 하면 아주 좋아하는 경우가 많습니다. 이왕이면 다홍치마라고 칭찬에 인색하지 맙시다.

| **CHECK** |

✔ 오늘의 긍정 확언 :

✔ 오늘 본 경제 기사 제목(요점, 이슈 등) :

✔ 오늘 공부한 지역 :

✔ 오늘 공부한 사이트 및 유튜브 채널 :

✔ 오늘의 관심 단지 및 시세(아파트명, 매매가, 전세가, 투자금) :

✔ 오늘 알게 된 세금 정보 :

AUGUST

29

멀리서 임장 간다는 것을 공인중개사에게 어필하세요

장거리 임장을 가서 공인중개사를 만날 때는 멀리서 왔다고 솔직하게 이야기하는 것이 좋습니다. 멀리서 이 물건을 보러 왔다는 것은 그만큼 매수할 의향이 많다는 것을 의미합니다. 공인중개사들도 성사될 가능성이 큰 것에 에너지를 쏟고 싶어 한다는 것을 잊지 마세요.

| **CHECK** |

✔ 오늘의 긍정 확언 :

✔ 오늘 본 경제 기사 제목(요점, 이슈 등) :

✔ 오늘 공부한 지역 :

✔ 오늘 공부한 사이트 및 유튜브 채널 :

✔ 오늘의 관심 단지 및 시세(아파트명, 매매가, 전세가, 투자금) :

✔ 오늘 알게 된 세금 정보 :

AUGUST

30

공인중개사 말에 흔들리지 않으려면 이렇게 하세요

공인중개사 말이라고 해서 모두 맞는 것은 아니고, 부동산 중개업을 한다고 해서 모두 투자에 대해 잘 아는 것은 아닙니다. 그래서 항상 나만의 투자 기준을 가져야 합니다. 그래야 공인중개사들의 말 한마디 한마디에 흔들리지 않을 수 있습니다.

| **CHECK** |

✔ 오늘의 긍정 확언 :

✔ 오늘 본 경제 기사 제목(요점, 이슈 등) :

✔ 오늘 공부한 지역 :

✔ 오늘 공부한 사이트 및 유튜브 채널 :

✔ 오늘의 관심 단지 및 시세(아파트명, 매매가, 전세가, 투자금) :

✔ 오늘 알게 된 세금 정보 :

AUGUST

31

계약이 성사되기 전까지 큰 기대는 하지 마세요

계약을 하기 전에 생각대로 계약이 성사되지 않는 경우가 많아요. 서로 협의하는 동안 다른 사람이 먼저 계약금을 넣기도 하고 팔겠다는 매도자가 마음을 바꾸는 경우도 허다합니다. 그래서 큰 기대를 하지 않는 것이 좋습니다. 계약까지 잘 가게 되면 나와 인연인 물건이고, 그렇지 않으면 인연이 아니라고 생각하는 것이 마음 편합니다.

| **CHECK** |

✔ 오늘의 긍정 확언 :

✔ 오늘 본 경제 기사 제목(요점, 이슈 등) :

✔ 오늘 공부한 지역 :

✔ 오늘 공부한 사이트 및 유튜브 채널 :

✔ 오늘의 관심 단지 및 시세(아파트명, 매매가, 전세가, 투자금) :

✔ 오늘 알게 된 세금 정보 :

9

SEPTEMBER

변화의 크기가
큰 곳에 투자하세요

SEPTEMBER

1

분양권은 이렇게 진행됩니다

분양권은 보통 계약금 10%, 중도금대출 60%, 잔금 30%로 이루어집니다. 계약금을 낼 때 확장비, 옵션에 대한 계약금도 내야 하고 미리 돈을 준비해 두어야 합니다. 분양에 당첨이 되거나 매수했다면 자금에 대한 계획은 꼭 세우세요.

| **CHECK** |

✔ 오늘의 긍정 확언 :

✔ 오늘 본 경제 기사 제목(요점, 이슈 등) :

✔ 오늘 공부한 지역 :

✔ 오늘 공부한 사이트 및 유튜브 채널 :

✔ 오늘의 관심 단지 및 시세(아파트명, 매매가, 전세가, 투자금) :

✔ 오늘 알게 된 세금 정보 :

SEPTEMBER

2

분양 정보는 이렇게 확인하세요

분양 정보는 청약홈이나 아실의 분양 탭, 호갱노노의 분양 탭에서 확인할 수 있습니다. 호갱노노에서는 분양단지에 대해 알람 설정을 해둘 수 있습니다. 꼭 분양을 받지 않더라도 분양단지에 관심을 가지세요. 그 단지들의 청약경쟁률만 봐도 그 지역에 대한 수요를 확인할 수 있습니다.

| CHECK |

✔ 오늘의 긍정 확언 :

✔ 오늘 본 경제 기사 제목(요점, 이슈 등) :

✔ 오늘 공부한 지역 :

✔ 오늘 공부한 사이트 및 유튜브 채널 :

✔ 오늘의 관심 단지 및 시세(아파트명, 매매가, 전세가, 투자금) :

✔ 오늘 알게 된 세금 정보 :

SEPTEMBER

3

주변 신축과 비교해서 30% 이상 저렴한지 확인하세요

분양을 받을 때는 분양가격이 저평가되었는지 비교해봐야 합니다. 아무리 좋은 단지라도 주변 시세보다 비싸게 분양한다면 분양을 받는 메리트가 없어지기 때문입니다. 주변 신축단지들의 가격과 비교해서 30% 이상 저렴하다면 충분히 저평가되었다고 할 수 있습니다.

| CHECK |

✔ 오늘의 긍정 확언 :

✔ 오늘 본 경제 기사 제목(요점, 이슈 등) :

✔ 오늘 공부한 지역 :

✔ 오늘 공부한 사이트 및 유튜브 채널 :

✔ 오늘의 관심 단지 및 시세(아파트명, 매매가, 전세가, 투자금) :

✔ 오늘 알게 된 세금 정보 :

SEPTEMBER

4

귀찮더라도 입주자모집공고문을 꼭 보세요

분양에 대한 정보는 모두 입주자모집공고문에 담겨 있습니다. 분양일정, 청약자격, 공급세대수, 분양가격, 중도금 대출에 대한 부분, 발코니 확장 및 옵션에 대한 부분 등 분양 단지에 대한 중요한 정보가 모두 들어가 있습니다. 입주자모집공고문을 읽으면 저절로 청약에 대한 공부를 할 수 있습니다.

TIP 입주자모집공고문 확인 : 청약홈 〉 청약일정 및 통계 〉 청약캘린더(청약일정) 또는 분양회사 홈페이지

| **CHECK** |

✔ 오늘의 긍정 확언 :

✔ 오늘 본 경제 기사 제목(요점, 이슈 등) :

✔ 오늘 공부한 지역 :

✔ 오늘 공부한 사이트 및 유튜브 채널 :

✔ 오늘의 관심 단지 및 시세(아파트명, 매매가, 전세가, 투자금) :

✔ 오늘 알게 된 세금 정보 :

SEPTEMBER

5

저평가 지역 분양권은 초반 프리미엄에 사세요

저평가 지역은 지난 몇 년간 하락하다가 최근 2년 이내 상승으로 전환된 곳이기 때문에 향후 몇 년 동안 계속 상승할 곳입니다. 이런 곳에 분양한 단지라면 시간이 지날수록 수요에 의해 프리미엄이 상승할 가능성이 큽니다. 따라서 초반 프리미엄에 매수하는 것이 가장 저렴하게 분양권을 매수하게 되는 것입니다.

| **CHECK** |

✔ 오늘의 긍정 확언 :

✔ 오늘 본 경제 기사 제목(요점, 이슈 등) :

✔ 오늘 공부한 지역 :

✔ 오늘 공부한 사이트 및 유튜브 채널 :

✔ 오늘의 관심 단지 및 시세(아파트명, 매매가, 전세가, 투자금) :

✔ 오늘 알게 된 세금 정보 :

SEPTEMBER

6

입주장 급매로 분양권을 사세요

분양권은 그 아파트가 입주를 시작하는 시점에 매수하는 것도 충분히 고려할 수 있습니다. 입주장인 경우 생각보다 전세가가 낮거나 투자금이 부족한 투자자가 대출이 나오지 않게 될 경우 급매로 분양권을 내놓게 됩니다. 이때가 저렴하게 분양권을 매입할 수 있는 기회입니다. 분양권은 등기를 치고 매물이 잠기고 나면 주변 신축의 가격을 따라간다는 것을 잊지 마세요.

| **CHECK** |

✔ 오늘의 긍정 확언 :

✔ 오늘 본 경제 기사 제목(요점, 이슈 등) :

✔ 오늘 공부한 지역 :

✔ 오늘 공부한 사이트 및 유튜브 채널 :

✔ 오늘의 관심 단지 및 시세(아파트명, 매매가, 전세가, 투자금) :

✔ 오늘 알게 된 세금 정보 :

SEPTEMBER

7

중도금대출은 미리 알아보세요

중도금대출은 꼭 미리 가능 여부를 집단대출은행에 알아봐야 합니다. 대출은행이 지정되었다면 분양회사에서 알려줄 것입니다. 유선으로도 중도금대출 가능 여부를 미리 확인할 수 있습니다. 미리 알아보지 않고 계약했다가 대출이 되지 않아 계약금도 돌려받지 못하는 경우가 있을 수 있으니 꼭 주의하세요.

| **CHECK** |

✔ 오늘의 긍정 확언 :

✔ 오늘 본 경제 기사 제목(요점, 이슈 등) :

✔ 오늘 공부한 지역 :

✔ 오늘 공부한 사이트 및 유튜브 채널 :

✔ 오늘의 관심 단지 및 시세(아파트명, 매매가, 전세가, 투자금) :

✔ 오늘 알게 된 세금 정보 :

SEPTEMBER

8

중도금대출은 이 순서로 받으세요.

중도금대출은 순서가 중요합니다. 조정지역 중도금대출을 먼저 받고 비조정 지역 중도금대출을 받는 건 가능하지만 비조정 지역 중도금대출을 받고 조정지역 중도금대출을 받는 건 불가능합니다. 꼭 순서를 기억하세요.

| **CHECK** |

✔ 오늘의 긍정 확언 :

✔ 오늘 본 경제 기사 제목(요점, 이슈 등) :

✔ 오늘 공부한 지역 :

✔ 오늘 공부한 사이트 및 유튜브 채널 :

✔ 오늘의 관심 단지 및 시세(아파트명, 매매가, 전세가, 투자금) :

✔ 오늘 알게 된 세금 정보 :

SEPTEMBER

9

2020년 8월 12일 분양권 취득 시 이건 조심하세요

2020년 8월 12일 이후 분양권을 취득하게 되면 계약하는 시점부터 취득세 중과를 위한 주택 수에 포함됩니다. 규제지역 1주택자가 2020년 8월 12일 이후 규제지역의 분양권을 취득하면 분양권을 소유권이전등기 하는 시점에 2주택 중과로 취득세가 8%가 됩니다. 분양권이라도 취득세 중과 판단 시 주택 수에 포함된다는 것을 기억하세요.

| **CHECK** |

✔ 오늘의 긍정 확언 :

✔ 오늘 본 경제 기사 제목(요점, 이슈 등) :

✔ 오늘 공부한 지역 :

✔ 오늘 공부한 사이트 및 유튜브 채널 :

✔ 오늘의 관심 단지 및 시세(아파트명, 매매가, 전세가, 투자금) :

✔ 오늘 알게 된 세금 정보 :

SEPTEMBER

10

중도금대출의 한도를 꼭 기억하세요

투기과열지구는 중도금대출이 분양가의 40%, 조정대상지역은 분양가의 50%, 비규제지역은 분양가의 60%까지 가능합니다. 따라서 투기과열지구는 20%, 조정대상지역은 10%만큼 자납을 해야 한다는 것을 기억하세요.

| **CHECK** |

✔ 오늘의 긍정 확언 :

✔ 오늘 본 경제 기사 제목(요점, 이슈 등) :

✔ 오늘 공부한 지역 :

✔ 오늘 공부한 사이트 및 유튜브 채널 :

✔ 오늘의 관심 단지 및 시세(아파트명, 매매가, 전세가, 투자금) :

✔ 오늘 알게 된 세금 정보 :

SEPTEMBER

11

미분양 분양권도 고려하세요

미분양이란 건설회사에서 분양하고 남은 잔여분을 말합니다. 미분양이 발생하는 이유는 아직 그 지역 실거주자들의 신축에 대한 수요가 많지 않기 때문입니다. 하지만 저평가 지역에 해당하고 미분양이 줄어들고 있는 곳이라면 실거주자들의 수요가 많아지는 것을 의미합니다. 미리 이런 곳의 미분양권 분양권에 관심을 가진다면 분양가 그대로 좋은 분양권을 가질 수 있다는 것을 기억하세요.

| **CHECK** |

✔ 오늘의 긍정 확언 :

✔ 오늘 본 경제 기사 제목(요점, 이슈 등) :

✔ 오늘 공부한 지역 :

✔ 오늘 공부한 사이트 및 유튜브 채널 :

✔ 오늘의 관심 단지 및 시세(아파트명, 매매가, 전세가, 투자금) :

✔ 오늘 알게 된 세금 정보 :

SEPTEMBER

12

'줍줍'하세요

'줍줍'은 '무순위 청약' 또는 '미계약분 청약'을 뜻합니다. 현재 무순위 청약은 그 지역에 거주하는 만 19세 이상의 무주택자만 가능합니다. 청약통장도 필요 없습니다. 분양은 완판이 되었지만 사정에 의해 계약을 하지 못한 경우 무순위 물량이 나올 수 있습니다. 그래서 인기 단지들도 충분히 무순위 물량으로 나올 수 있기 때문에 무순위 청약에 관심을 가지는 것이 좋습니다.

| CHECK |

✔ 오늘의 긍정 확언 :

✔ 오늘 본 경제 기사 제목(요점, 이슈 등) :

✔ 오늘 공부한 지역 :

✔ 오늘 공부한 사이트 및 유튜브 채널 :

✔ 오늘의 관심 단지 및 시세(아파트명, 매매가, 전세가, 투자금) :

✔ 오늘 알게 된 세금 정보 :

SEPTEMBER

13

무순위 청약은 이렇게 하세요

무순위 청약은 청약홈에서 할 수 있습니다. 비규제 지역이거나 잔여 세대 20세대 미만인 경우에는 해당 단지 홈페이지에서도 할 수 있습니다. 관심 단지가 있다면 미리 분양회사 홈페이지에 문자 등록이나 관심 고객 등록을 해두는 것도 좋습니다.

TIP 무순위 청약 일정 확인 : 청약홈 〉 청약일정 및 통계 〉 무순위 청약

| **CHECK** |

✔ 오늘의 긍정 확언 :

✔ 오늘 본 경제 기사 제목(요점, 이슈 등) :

✔ 오늘 공부한 지역 :

✔ 오늘 공부한 사이트 및 유튜브 채널 :

✔ 오늘의 관심 단지 및 시세(아파트명, 매매가, 전세가, 투자금) :

✔ 오늘 알게 된 세금 정보 :

SEPTEMBER

14

분양권 프리미엄을 아까워하지 마세요

분양권 상태에서 매수할 때 가장 아까워하는 부분이 프리미엄입니다. 만약 분양가가 3억 원이고 프리미엄이 2억 원, 주변 신축은 7억 원이라면 분양가와 프리미엄을 합친 금액이 5억 원으로 주변 신축 가격보다 저렴하기 때문에 충분히 메리트가 있습니다. 프리미엄을 아까워하지 마세요.

| **CHECK** |

✔ 오늘의 긍정 확언 :

✔ 오늘 본 경제 기사 제목(요점, 이슈 등) :

✔ 오늘 공부한 지역 :

✔ 오늘 공부한 사이트 및 유튜브 채널 :

✔ 오늘의 관심 단지 및 시세(아파트명, 매매가, 전세가, 투자금) :

✔ 오늘 알게 된 세금 정보 :

SEPTEMBER

15

분양권 살 때 시스템에어컨은 꼭 하세요

새 아파트에 입주할 때 일시적으로 전세 물량이 늘어나게 됩니다. 요즘 전세 들어오려는 사람들은 시스템에어컨은 필수라고 생각합니다. 계속 전세만 사는 사람들은 아예 에어컨을 사지 않는 경우도 많습니다. 입주장에 전세를 잘 놓기 위해서라도 시스템에어컨은 꼭 하세요.

| **CHECK** |

✔ 오늘의 긍정 확언 :

✔ 오늘 본 경제 기사 제목(요점, 이슈 등) :

✔ 오늘 공부한 지역 :

✔ 오늘 공부한 사이트 및 유튜브 채널 :

✔ 오늘의 관심 단지 및 시세(아파트명, 매매가, 전세가, 투자금) :

✔ 오늘 알게 된 세금 정보 :

SEPTEMBER

16

'손피'란?

'손피'란 다른 말로 '양도세 매수자 부담방식'이라고 합니다. 분양권 매도자가 실제로 손에 쥐게 되는 프리미엄입니다. 매도자가 내야 하는 양도세를 매수자가 대신 지불하는 방식입니다. 양도세를 매수자가 부담하더라도 충분히 더 상승할 것이라고 생각되는 곳은 손피로 분양권 매수가 활발히 이루어지게 됩니다.

| **CHECK** |

✔ 오늘의 긍정 확언 :

✔ 오늘 본 경제 기사 제목(요점, 이슈 등) :

✔ 오늘 공부한 지역 :

✔ 오늘 공부한 사이트 및 유튜브 채널 :

✔ 오늘의 관심 단지 및 시세(아파트명, 매매가, 전세가, 투자금) :

✔ 오늘 알게 된 세금 정보 :

SEPTEMBER

17

손피 계산은 이렇게 하세요

손피를 계산하는 방법은 손피금액 + 1차 양도세〔(프리미엄 − 복비 − 인적공제) × 양도세율〕 + 2차 양도세(1차 양도세 × 양도세율)입니다. 매수자는 두 번 양도세를 내야 한다는 것을 꼭 기억하세요.

| **CHECK** |

✔ 오늘의 긍정 확언 :

✔ 오늘 본 경제 기사 제목(요점, 이슈 등) :

✔ 오늘 공부한 지역 :

✔ 오늘 공부한 사이트 및 유튜브 채널 :

✔ 오늘의 관심 단지 및 시세(아파트명, 매매가, 전세가, 투자금) :

✔ 오늘 알게 된 세금 정보 :

SEPTEMBER

18

다운계약은 주의하세요

다운계약은 실제 프리미엄보다 낮게 신고하고 나머지를 현금으로 거래하는 방식입니다. 다운거래는 하지 않는 것이 가장 좋습니다. 다운거래를 하면 취득가액이 실제 거래한 금액보다 낮아지기 때문에 추후에 양도세를 많이 내야 합니다.

| **CHECK** |

✔ 오늘의 긍정 확언 :

✔ 오늘 본 경제 기사 제목(요점, 이슈 등) :

✔ 오늘 공부한 지역 :

✔ 오늘 공부한 사이트 및 유튜브 채널 :

✔ 오늘의 관심 단지 및 시세(아파트명, 매매가, 전세가, 투자금) :

✔ 오늘 알게 된 세금 정보 :

SEPTEMBER

19

분양권 매도는 이때 하세요

분양권의 양도세율은 보유기간 1년 미만 70%, 등기를 하기 전까지 60%입니다. 분양권 상태로 매도를 하는 것보다는 소유권이전등기를 하면 주택으로 바뀌어서 그 시점부터 주택에 대한 양도세율이 적용됩니다. 따라서 분양권을 소유권이전등기 후 2년을 보유한 후 일반과세로 매도하는 것이 가장 좋습니다.

| **CHECK** |

✔ 오늘의 긍정 확언 :

✔ 오늘 본 경제 기사 제목(요점, 이슈 등) :

✔ 오늘 공부한 지역 :

✔ 오늘 공부한 사이트 및 유튜브 채널 :

✔ 오늘의 관심 단지 및 시세(아파트명, 매매가, 전세가, 투자금) :

✔ 오늘 알게 된 세금 정보 :

SEPTEMBER

20

10년 뒤 더 좋아질 곳에 관심을 가지세요

재건축 단지들은 예전 구도심에 위치하는 경우가 많아요. 구도심은 예전에는 입지가 좋았고 수요가 많았지만 단지들이 점점 노후화되면서 수요가 빠져나간 곳입니다. 하지만 이런 곳들이 재건축되어 새 아파트가 된다면 충분히 다시 예전의 명성을 되찾을 수 있습니다. 10년 뒤 더 좋아질 곳에 관심을 가지세요.

| **CHECK** |

✔ 오늘의 긍정 확언 :

✔ 오늘 본 경제 기사 제목(요점, 이슈 등) :

✔ 오늘 공부한 지역 :

✔ 오늘 공부한 사이트 및 유튜브 채널 :

✔ 오늘의 관심 단지 및 시세(아파트명, 매매가, 전세가, 투자금) :

✔ 오늘 알게 된 세금 정보 :

SEPTEMBER

21

재건축 정보는 이렇게 얻으세요

재건축에 대한 정보는 1차적으로 시청이나 도청 홈페이지에서 '재건축'이라는 키워드로 검색합니다. 하지만 이런 곳은 재건축에 대한 정보가 현행화가 안 되어 있는 경우가 많기 때문에 2차적으로 확인해야 합니다. 그 방법은 검색창에 키워드를 '재건축'으로 넣어서 검색하면 최근의 재건축 단지에 대한 현황을 잘 정리한 블로그가 있습니다. 이 과정을 통해 재건축에 대한 정보를 얻을 수 있습니다.

| **CHECK** |

✔ 오늘의 긍정 확언 :

✔ 오늘 본 경제 기사 제목(요점, 이슈 등) :

✔ 오늘 공부한 지역 :

✔ 오늘 공부한 사이트 및 유튜브 채널 :

✔ 오늘의 관심 단지 및 시세(아파트명, 매매가, 전세가, 투자금) :

✔ 오늘 알게 된 세금 정보 :

SEPTEMBER

22

재건축은 이 단계로 이루어집니다

재건축의 단계는 기본계획수립 〉 안전진단 〉 정비구역 지정 〉 추진위원회 구성 〉 조합설립인가 〉 사업시행인가 〉 관리처분계획 〉 이주 및 철거 〉 일반분양 및 착공 〉 준공 및 입주청산으로 이루어집니다. 재건축의 단계부터 꼭 외워두세요.

| **CHECK** |

✔ 오늘의 긍정 확언 :

✔ 오늘 본 경제 기사 제목(요점, 이슈 등) :

✔ 오늘 공부한 지역 :

✔ 오늘 공부한 사이트 및 유튜브 채널 :

✔ 오늘의 관심 단지 및 시세(아파트명, 매매가, 전세가, 투자금) :

✔ 오늘 알게 된 세금 정보 :

SEPTEMBER

23

비규제지역 재건축 매수는 이래서 좋습니다

비규제지역 재건축은 매매가가 저렴합니다. 취득세의 경우 매매가를 기준으로 산정되기 때문에 매매가가 저렴하면 취득세가 중과되더라도 상대적으로 취득세 부담이 덜합니다. 입주권으로 바뀌게 되면 토지분 취득세 4.6%만 내면 되기 때문에 충분히 다주택자의 틈새 투자처가 될 수 있습니다.

| **CHECK** |

✔ 오늘의 긍정 확언 :

✔ 오늘 본 경제 기사 제목(요점, 이슈 등) :

✔ 오늘 공부한 지역 :

✔ 오늘 공부한 사이트 및 유튜브 채널 :

✔ 오늘의 관심 단지 및 시세(아파트명, 매매가, 전세가, 투자금) :

✔ 오늘 알게 된 세금 정보 :

SEPTEMBER

24

감정평가액이 높은 물건을 사세요

재건축 단지는 물건별로 감정평가를 받게 됩니다. 감정평가액이 높을수록 34평 이상 평수를 배정받을 확률이 높아지게 됩니다. 조합원 수보다 34평 배정 물량이 적다면 철저하게 감정평가액이 높은 물건을 보세요.

| CHECK |

✔ 오늘의 긍정 확언 :

✔ 오늘 본 경제 기사 제목(요점, 이슈 등) :

✔ 오늘 공부한 지역 :

✔ 오늘 공부한 사이트 및 유튜브 채널 :

✔ 오늘의 관심 단지 및 시세(아파트명, 매매가, 전세가, 투자금) :

✔ 오늘 알게 된 세금 정보 :

SEPTEMBER

25

분담금이란?

분담금은 조합원분양가와 권리가액의 차이를 말합니다. 권리가액은 감정평가액에 비례율(개발로 인한 수익률)을 곱한 것을 말합니다. 한마디로 조합원이 새 아파트 평형을 배정받고 추가로 내는 비용을 말합니다.

| **CHECK** |

✔ 오늘의 긍정 확언 :

✔ 오늘 본 경제 기사 제목(요점, 이슈 등) :

✔ 오늘 공부한 지역 :

✔ 오늘 공부한 사이트 및 유튜브 채널 :

✔ 오늘의 관심 단지 및 시세(아파트명, 매매가, 전세가, 투자금) :

✔ 오늘 알게 된 세금 정보 :

SEPTEMBER

26

매입원가는 이렇게 구하세요

매입원가는 재건축 단지 매물을 내가 실제로 매수하는 가격을 말합니다. 매매가에 분담금을 합친 금액 또는 조합원 분양가에 프리미엄(매매가 - 감정평가액)을 합친 금액입니다. 구매원가를 알아야 안전마진까지 구할 수 있습니다.

| CHECK |

✔ 오늘의 긍정 확언 :

✔ 오늘 본 경제 기사 제목(요점, 이슈 등) :

✔ 오늘 공부한 지역 :

✔ 오늘 공부한 사이트 및 유튜브 채널 :

✔ 오늘의 관심 단지 및 시세(아파트명, 매매가, 전세가, 투자금) :

✔ 오늘 알게 된 세금 정보 :

SEPTEMBER

27

안전마진 계산은 이렇게 하세요

재건축 단지의 가장 큰 메리트는 사는 순간부터 안전마진이 발생한다는 점입니다. 안전마진을 계산할 때는 매입원가에서 주변 신축 단지의 시세 또는 최근 인근에 분양한 단지의 분양가에 프리미엄을 합친 금액과 비교하면 됩니다. 안전마진만 알아도 어떤 재건축을 사야 할지 확실히 알 수 있습니다.

| **CHECK** |

✔ 오늘의 긍정 확언 :

✔ 오늘 본 경제 기사 제목(요점, 이슈 등) :

✔ 오늘 공부한 지역 :

✔ 오늘 공부한 사이트 및 유튜브 채널 :

✔ 오늘의 관심 단지 및 시세(아파트명, 매매가, 전세가, 투자금) :

✔ 오늘 알게 된 세금 정보 :

SEPTEMBER

28

관리처분 단계 전이라면 시세의 60%까지 대출이 가능합니다

재건축 단지의 경우 비규제지역이고 관리처분 인가 전이라면 시세의 60%까지 대출이 가능합니다. 1차 투자금 계산은 매수한 가격에서 대출가능액을 빼고 취득세를 더해주면 됩니다. 대출상담사를 통해서 대출 가능 여부를 꼭 확인하세요.

| CHECK |

✔ 오늘의 긍정 확언 :

✔ 오늘 본 경제 기사 제목(요점, 이슈 등) :

✔ 오늘 공부한 지역 :

✔ 오늘 공부한 사이트 및 유튜브 채널 :

✔ 오늘의 관심 단지 및 시세(아파트명, 매매가, 전세가, 투자금) :

✔ 오늘 알게 된 세금 정보 :

SEPTEMBER

29

관리처분을 득했다면 이주비 대출을 받으세요

관리처분을 득했다면 건물이 없어지기 때문에 기존에 받았던 주택담보대출을 상환하고 이주비 대출을 받아야 합니다. 이주비 대출은 감정평가액의 60%까지 가능합니다. 처음 매수할 때 감평가가 높은 매물을 샀다면 상대적으로 이주비 대출을 많이 받을 수 있습니다. 이 시기에 기존 대출을 상환해야 하므로 추가로 투자금이 더 들어갈 수 있다는 것도 꼭 기억하세요.

| **CHECK** |

✔ 오늘의 긍정 확언 :

✔ 오늘 본 경제 기사 제목(요점, 이슈 등) :

✔ 오늘 공부한 지역 :

✔ 오늘 공부한 사이트 및 유튜브 채널 :

✔ 오늘의 관심 단지 및 시세(아파트명, 매매가, 전세가, 투자금) :

✔ 오늘 알게 된 세금 정보 :

SEPTEMBER

30

2030이라면 초기 재건축단지를 고려하세요

재건축 투자는 빨리 수익을 내기보다는 장기로 보유하는 것이 더 좋습니다. 아직 정비구역 지정도 되지 않은 초기 재건축 단지는 공시가격 1억 원 이하라면 취득세가 1.1%입니다. 시간은 오래 걸릴 수 있지만 단계별로 투자금이 얼마나 더 들어가고 가격이 어떻게 변해가는지를 통해 일찍부터 재건축에 대해 배워나갈 수 있습니다. 2030이라면 초기 재건축 단지에도 꼭 관심을 가지세요.

| **CHECK** |

✔ 오늘의 긍정 확언 :

✔ 오늘 본 경제 기사 제목(요점, 이슈 등) :

✔ 오늘 공부한 지역 :

✔ 오늘 공부한 사이트 및 유튜브 채널 :

✔ 오늘의 관심 단지 및 시세(아파트명, 매매가, 전세가, 투자금) :

✔ 오늘 알게 된 세금 정보 :

10

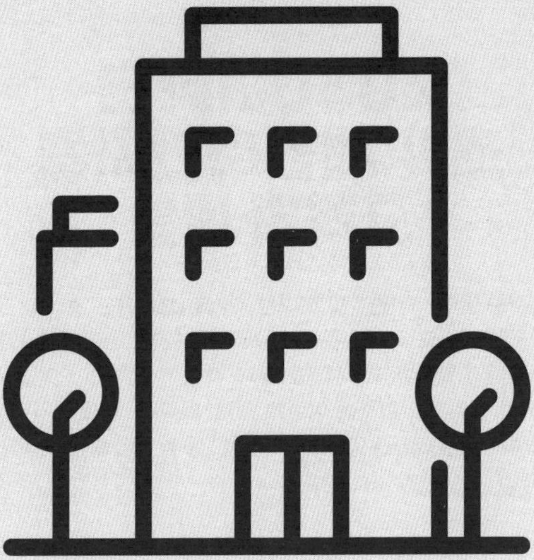

OCTOBER

명의든 지역이든
분산투자 하세요

OCTOBER

1

내가 사는 곳이 아닌 전국을 보세요

처음에 투자하겠다고 마음먹은 사람들은 내가 사는 곳 인근부터 봅니다. 그 지역이 저평가 지역에 해당한다면 투자해도 됩니다. 그렇지 않다면 첫 투자부터 고점에 잘못 물려서 그 투자가 나를 불행하게 만들 수도 있습니다. 그래서 우리는 전국을 투자처로 봐야 합니다.

| **CHECK** |

✔ 오늘의 긍정 확언 :

✔ 오늘 본 경제 기사 제목(요점, 이슈 등) :

✔ 오늘 공부한 지역 :

✔ 오늘 공부한 사이트 및 유튜브 채널 :

✔ 오늘의 관심 단지 및 시세(아파트명, 매매가, 전세가, 투자금) :

✔ 오늘 알게 된 세금 정보 :

OCTOBER

2

지방에 투자해도 됩니다

서울 · 수도권에 사는 사람들은 지방에 대한 편견이 강합니다. 도시가 작고 인구수가 줄어드니까 집값이 오르지 않을 거라고 생각합니다. 하지만 지방에도 그곳의 주민들이 선호하는 입지가 있고 그런 곳으로 수요가 응집됩니다. 결국 각 도시는 부동산 사이클에 의해 상승과 하락을 반복합니다. 지방에 투자해도 충분히 좋은 수익을 얻을 수 있다는 것을 기억하세요.

| CHECK |

✔ 오늘의 긍정 확언 :

✔ 오늘 본 경제 기사 제목(요점, 이슈 등) :

✔ 오늘 공부한 지역 :

✔ 오늘 공부한 사이트 및 유튜브 채널 :

✔ 오늘의 관심 단지 및 시세(아파트명, 매매가, 전세가, 투자금) :

✔ 오늘 알게 된 세금 정보 :

OCTOBER

3

소도시 투자, 정말 위험할까요?

소도시는 인구가 100만 명 이하인 곳부터 인구가 10만 명 이하인 곳까지 다양합니다. 인구수가 상대적으로 더 많은 곳은 유동성의 크기가 크기 때문에 상승 흐름이 와도 좀 더 오래 지속될 수 있습니다. 하지만 유동성의 크기보다 더 중요한 것은 가격의 저평가입니다. 아직도 가격이 정말 저렴하다면 인구 수가 더 적은 소도시에 투자해도 위험하지 않다는 것을 기억하세요.

| **CHECK** |

✔ 오늘의 긍정 확언 :

✔ 오늘 본 경제 기사 제목(요점, 이슈 등) :

✔ 오늘 공부한 지역 :

✔ 오늘 공부한 사이트 및 유튜브 채널 :

✔ 오늘의 관심 단지 및 시세(아파트명, 매매가, 전세가, 투자금) :

✔ 오늘 알게 된 세금 정보 :

OCTOBER

4

부동산 절세를 위해서 종목을 다양화하세요

아직도 제 주변에는 아파트 투자만 생각하는 사람이 많아요. 아파트만 생각하면 규제지역은 2주택부터 취득세 중과 8%이기 때문에 허들이 생깁니다. 또한 종부세, 양도세까지 과도한 세금 부담이 생깁니다. 하지만 종목을 비주택으로 다양화하면 세금은 줄이면서 자산을 빨리 불려나갈 수 있습니다. 안 할 이유가 있을까요?

| **CHECK** |

✔ 오늘의 긍정 확언 :

✔ 오늘 본 경제 기사 제목(요점, 이슈 등) :

✔ 오늘 공부한 지역 :

✔ 오늘 공부한 사이트 및 유튜브 채널 :

✔ 오늘의 관심 단지 및 시세(아파트명, 매매가, 전세가, 투자금) :

✔ 오늘 알게 된 세금 정보 :

OCTOBER

5

지금 흐름은 지방 비규제 지역에 있습니다

현재 비규제 지역을 투자처로 많이 보는 이유는 이 지역들이 지난 몇 년간 하락했다가 최근 2년 이내 상승으로 전환된 곳이 많기 때문입니다. 아울러 전국 대부분의 도시가 규제 지역으로 묶이면서 비규제 지역으로 풍선효과가 발생한 것도 사실입니다. 이 두 가지만으로도 충분히 비규제 지역은 투자처로 매력 있는 곳입니다.

| **CHECK** |

✔ 오늘의 긍정 확언 :

✔ 오늘 본 경제 기사 제목(요점, 이슈 등) :

✔ 오늘 공부한 지역 :

✔ 오늘 공부한 사이트 및 유튜브 채널 :

✔ 오늘의 관심 단지 및 시세(아파트명, 매매가, 전세가, 투자금) :

✔ 오늘 알게 된 세금 정보 :

OCTOBER

6

지역에 대한 편견, 종목에 대한 편견을 깨면 선택지는 넓어집니다

결국 우리는 지역에 대한 편견과 투자 종목에 대한 편견을 갖기 때문에 고민만 하느라 정작 실행을 못 하게 되는 경우가 많습니다. 직접 그 지역을 가보고 실행해보면 편견을 깰 수 있습니다. 지역과 종목에 대한 편견을 깨세요. 그렇게 하면 훨씬 선택지가 넓어집니다.

| CHECK |

✔ 오늘의 긍정 확언 :

✔ 오늘 본 경제 기사 제목(요점, 이슈 등) :

✔ 오늘 공부한 지역 :

✔ 오늘 공부한 사이트 및 유튜브 채널 :

✔ 오늘의 관심 단지 및 시세(아파트명, 매매가, 전세가, 투자금) :

✔ 오늘 알게 된 세금 정보 :

OCTOBER

7

이런 아파텔은 피하세요

아파텔은 아파트와 오피스텔이 합쳐진 개념입니다. 말 그대로 아파트의 대체제로 충분히 활용할 수 있는 곳입니다. 역세권이 아닌 곳, 업무지구와 동떨어진 곳은 피하는 게 좋습니다. 그리고 구축 아파텔은 구조가 주거용보다는 오피스에 더 적합한 경우가 많고 노후화로 상품성이 떨어지기 때문에 피하는 것이 좋습니다. 앞으로 오피스텔이 공급될 부지가 많은 곳도 피해야 합니다.

| CHECK |

✔ 오늘의 긍정 확언 :

✔ 오늘 본 경제 기사 제목(요점, 이슈 등) :

✔ 오늘 공부한 지역 :

✔ 오늘 공부한 사이트 및 유튜브 채널 :

✔ 오늘의 관심 단지 및 시세(아파트명, 매매가, 전세가, 투자금) :

✔ 오늘 알게 된 세금 정보 :

OCTOBER

8

원룸형 오피스텔은 사지 마세요

오피스텔 중에서 전용 7평 정도 되는 방 하나로 구성된 원룸형 오피스텔은 웬만하면 사지 마세요. 이것은 아파트의 대체제로 활용되지 못합니다. 특히 택지지구로 개발하는 곳은 이런 소형 오피스텔을 대량으로 공급하는 경우가 많습니다. 그렇게 되면 아무래도 중대형 오피스텔에 비해 우선순위가 밀리게 됩니다. 오피스텔은 최소한 전용 18평 이상 되는 것을 보세요.

| **CHECK** |

✔ 오늘의 긍정 확언 :

✔ 오늘 본 경제 기사 제목(요점, 이슈 등) :

✔ 오늘 공부한 지역 :

✔ 오늘 공부한 사이트 및 유튜브 채널 :

✔ 오늘의 관심 단지 및 시세(아파트명, 매매가, 전세가, 투자금) :

✔ 오늘 알게 된 세금 정보 :

OCTOBER

9

이런 아파텔은 꼭 사세요

아파텔은 우선 역과 가까워야 합니다. 일자리로 빠르게 이동할 수 있어야 하기 때문입니다. 꼭 신축이어야 좋은 것이 아니라 희소성이 있어야 합니다. 주변에 아파트가 있음에도 여기 살고 싶게끔 만드는 매력이 있어야 합니다. 세대 수는 최소 500세대 이상, 방 2~3개, 화장실 2개로 최대한 아파트와 유사한 구조, 초등학교와 인접한 곳이라면 오를 수밖에 없습니다.

| CHECK |

✔ 오늘의 긍정 확언 :

✔ 오늘 본 경제 기사 제목(요점, 이슈 등) :

✔ 오늘 공부한 지역 :

✔ 오늘 공부한 사이트 및 유튜브 채널 :

✔ 오늘의 관심 단지 및 시세(아파트명, 매매가, 전세가, 투자금) :

✔ 오늘 알게 된 세금 정보 :

OCTOBER

10

아파텔을 법인으로 살 때 세금은 이렇게 됩니다

우선 법인으로 아파텔 매수 시 취득세 4.6%입니다. 주택용으로 재산세를 내지 않을 경우 종합부동산세는 부과되지 않습니다. 실제로 주택으로 사용하고 있고 전입신고가 되어 있다면 매도 시 법인세 10%에 주택분 추가과세 20%로 총 30%의 세금이 발생합니다. 법인으로도 충분히 아파텔 투자를 할 수 있다는 것을 기억하세요.

| **CHECK** |

✔ 오늘의 긍정 확언 :

✔ 오늘 본 경제 기사 제목(요점, 이슈 등) :

✔ 오늘 공부한 지역 :

✔ 오늘 공부한 사이트 및 유튜브 채널 :

✔ 오늘의 관심 단지 및 시세(아파트명, 매매가, 전세가, 투자금) :

✔ 오늘 알게 된 세금 정보 :

OCTOBER

11

지식산업센터란?

지식산업센터는 아파트형 공장으로 '산업집적활성화 및 공장 설립에 관한 법률'에 의거한 건축물에 제조업, 지식 산업, 정보통신 산업을 영위하는 자와 지원시설이 복합적으로 입주할 수 있는 다층형 집합건축물을 말합니다. 한마디로 기업의 사무실로 쓰이는 곳입니다.

| **CHECK** |

✔ 오늘의 긍정 확언 :

✔ 오늘 본 경제 기사 제목(요점, 이슈 등) :

✔ 오늘 공부한 지역 :

✔ 오늘 공부한 사이트 및 유튜브 채널 :

✔ 오늘의 관심 단지 및 시세(아파트명, 매매가, 전세가, 투자금) :

✔ 오늘 알게 된 세금 정보 :

OCTOBER

12

지식산업센터는 이런 곳에 들어옵니다

지식산업센터는 준공업 지역에 들어올 수 있습니다. 준공업 지역은 용적률 측면에서 가장 우수하고 희소성이 있습니다. 준공업 지역은 주로 도심에 인접하고 역세권이기 때문에 좋습니다. 주변에 준공업 지역이 있는지 잘 찾아보세요.

| **CHECK** |

✔ 오늘의 긍정 확언 :

✔ 오늘 본 경제 기사 제목(요점, 이슈 등) :

✔ 오늘 공부한 지역 :

✔ 오늘 공부한 사이트 및 유튜브 채널 :

✔ 오늘의 관심 단지 및 시세(아파트명, 매매가, 전세가, 투자금) :

✔ 오늘 알게 된 세금 정보 :

OCTOBER

13

지식산업센터의 장점은 이렇습니다

지식산업센터는 규제 지역 여부와 상관이 없고 취득세 중과가 없습니다. 종합부동산세 부과도 되지 않고 양도세 중과도 없습니다. 대출에 대한 규제, 다주택자에 대한 규제, 전매제한, 실거주 의무도 없다는 것이 장점입니다. 장점이 이렇게나 많은 데 안 할 이유가 있을까요?

| **CHECK** |

✔ 오늘의 긍정 확언 :

✔ 오늘 본 경제 기사 제목(요점, 이슈 등) :

✔ 오늘 공부한 지역 :

✔ 오늘 공부한 사이트 및 유튜브 채널 :

✔ 오늘의 관심 단지 및 시세(아파트명, 매매가, 전세가, 투자금) :

✔ 오늘 알게 된 세금 정보 :

OCTOBER

14

좋은 지식산업센터를 고르려면 내가 직원이라고 생각하세요

좋은 지식산업센터를 고르기 위해서는 내가 매일 출퇴근을 해야 하는 직원이라고 생각하세요. 매일 출퇴근을 해야 하는 직원들은 지하철을 타고 내려 걸어서 10분 내외로 갈 수 있는 사무실을 선호합니다. 이렇게 직원의 입장에서 생각하면 좋은 지산을 고를 수 있습니다.

| **CHECK** |

✔ 오늘의 긍정 확언 :

✔ 오늘 본 경제 기사 제목(요점, 이슈 등) :

✔ 오늘 공부한 지역 :

✔ 오늘 공부한 사이트 및 유튜브 채널 :

✔ 오늘의 관심 단지 및 시세(아파트명, 매매가, 전세가, 투자금) :

✔ 오늘 알게 된 세금 정보 :

OCTOBER

15

지식산업센터는 대출이 잘 나옵니다

지식산업센터는 기업대출을 받게 됩니다. 주택에 대한 대출보다는 상대적으로 금리가 낮고 기존 아파트 담보대출이 있어도 관계없이 대출이 잘 나옵니다. 대출 한도는 일반적으로 80%에서 많게는 90%까지 나옵니다. 지식산업센터에 대한 대출은 내가 알아보는 만큼 좋은 곳을 찾아낼 수 있다는 것을 기억하세요.

| **CHECK** |

✔ 오늘의 긍정 확언 :

✔ 오늘 본 경제 기사 제목(요점, 이슈 등) :

✔ 오늘 공부한 지역 :

✔ 오늘 공부한 사이트 및 유튜브 채널 :

✔ 오늘의 관심 단지 및 시세(아파트명, 매매가, 전세가, 투자금) :

✔ 오늘 알게 된 세금 정보 :

OCTOBER

16

수익률과 시세차익, 두 마리 토끼를 잡으세요

지식산업센터를 월세 수익만 보고 접근하는 경우가 많습니다. 물론 월세도 들어오지만 입지가 좋은 지식산업센터들은 시세 상승도 많이 합니다. 지식산업센터는 월세 수익과 시세차익 두 마리 토끼를 모두 잡을 수 있는 종목이기 때문에 고민하지 않아도 됩니다.

| CHECK |

✔ 오늘의 긍정 확언 :

✔ 오늘 본 경제 기사 제목(요점, 이슈 등) :

✔ 오늘 공부한 지역 :

✔ 오늘 공부한 사이트 및 유튜브 채널 :

✔ 오늘의 관심 단지 및 시세(아파트명, 매매가, 전세가, 투자금) :

✔ 오늘 알게 된 세금 정보 :

OCTOBER

17

지식산업센터 공실을 피하려면 이렇게 하세요

지식산업센터 투자를 할 때 고민하는 것 중 하나가 공실에 대한 부분입니다. 추후 지식산업센터가 더 들어올 부지가 많고 외곽인 곳은 피하는 것이 좋습니다. 지식산업센터 하나를 다 채우려면 길면 1년 이상이 걸립니다. 너무 많은 지식산업센터가 동시에 입주하면 공실 리스크는 더 커집니다. 그래서 미리 이런 곳은 피하는 것이 좋습니다.

| **CHECK** |

✔ 오늘의 긍정 확언 :

✔ 오늘 본 경제 기사 제목(요점, 이슈 등) :

✔ 오늘 공부한 지역 :

✔ 오늘 공부한 사이트 및 유튜브 채널 :

✔ 오늘의 관심 단지 및 시세(아파트명, 매매가, 전세가, 투자금) :

✔ 오늘 알게 된 세금 정보 :

OCTOBER

18

5천만 원으로 지식산업센터 매수하려면 이렇게 하세요

지식산업센터는 평형이 정말 다양합니다. 투자금이 적다면 작은 평형을 사도 됩니다. 전용 7평 정도의 서울 지산의 경우 매매가 3.9억 원 정도인데 대출을 90% 받는다면 취득세 포함해서 5천만 원 정도로도 투자할 수 있습니다. 소액으로 공시가격 1억 원 이하를 투자하는 것보다 서울에 나의 부동산을 가질 수 있는 지식산업센터 투자가 훨씬 좋습니다.

| **CHECK** |

✔ 오늘의 긍정 확언 :

✔ 오늘 본 경제 기사 제목(요점, 이슈 등) :

✔ 오늘 공부한 지역 :

✔ 오늘 공부한 사이트 및 유튜브 채널 :

✔ 오늘의 관심 단지 및 시세(아파트명, 매매가, 전세가, 투자금) :

✔ 오늘 알게 된 세금 정보 :

OCTOBER

19

서울이 낯설다면 더더욱 서울 지식산업센터를 사세요

지방에 사는 사람들은 막연히 서울이 낯설어서 투자하기 힘들다고 합니다. 하지만 서울에 나의 부동산이 생기면 그렇게 낯선 곳이 친숙한 곳으로 변합니다. 서울 아파트를 사는 건 힘들지만 서울 지식산업센터는 충분히 해볼 수 있습니다.

| **CHECK** |

✔ 오늘의 긍정 확언 :

✔ 오늘 본 경제 기사 제목(요점, 이슈 등) :

✔ 오늘 공부한 지역 :

✔ 오늘 공부한 사이트 및 유튜브 채널 :

✔ 오늘의 관심 단지 및 시세(아파트명, 매매가, 전세가, 투자금) :

✔ 오늘 알게 된 세금 정보 :

OCTOBER

20

종목을 늘릴수록 기회는 많습니다

어떤 사람들은 분산투자를 하지 말라고 하지만 종목을 다양화할수록 절세를 할 수 있고 리스크를 줄일 수 있습니다. 종목마다 흐름이 다르기 때문입니다. 지금처럼 금리가 상승하고 리스크가 증가하는 상황에서는 최대한 종목을 분산해서 리스크를 줄이는 전략이 좋습니다.

| CHECK |

✔ 오늘의 긍정 확언 :

✔ 오늘 본 경제 기사 제목(요점, 이슈 등) :

✔ 오늘 공부한 지역 :

✔ 오늘 공부한 사이트 및 유튜브 채널 :

✔ 오늘의 관심 단지 및 시세(아파트명, 매매가, 전세가, 투자금) :

✔ 오늘 알게 된 세금 정보 :

OCTOBER

21

지식산업센터는 개인사업자, 법인으로 살 수 있습니다

지식산업센터는 개인사업자나 법인으로 살 수 있습니다. 처음 계약할 땐 개인으로 하고, 특약에 잔금 시 계약자가 변경될 수 있다고 기재하고, 그사이에 개인사업자나 법인을 만들 수도 있습니다. 개인으로 할지 법인으로 할지 고민하지 말고 지금 당장 실행부터 하세요.

| CHECK |

✔ 오늘의 긍정 확언 :

✔ 오늘 본 경제 기사 제목(요점, 이슈 등) :

✔ 오늘 공부한 지역 :

✔ 오늘 공부한 사이트 및 유튜브 채널 :

✔ 오늘의 관심 단지 및 시세(아파트명, 매매가, 전세가, 투자금) :

✔ 오늘 알게 된 세금 정보 :

OCTOBER

22

지식산업센터의 RR(로얄동·로얄층)은 이렇습니다

지식산업센터는 고층인 경우 분양가가 더 비쌉니다. 하지만 고층보다 실제로 중간층을 더 선호합니다. 그 이유는 엘리베이터를 자주 이용하므로 층이 너무 높으면 시간이 많이 걸리기 때문입니다. 따라서 투자할 때는 중간층을 사는 것이 좋습니다. 그리고 코너 호실은 양쪽에 베란다가 있어 확장 시 실면적이 넓어지기 때문에 선호합니다. 지식산업센터는 남향이고 뷰가 나오는 호실이 더 선호됩니다.

| **CHECK** |

✔ 오늘의 긍정 확언 :

✔ 오늘 본 경제 기사 제목(요점, 이슈 등) :

✔ 오늘 공부한 지역 :

✔ 오늘 공부한 사이트 및 유튜브 채널 :

✔ 오늘의 관심 단지 및 시세(아파트명, 매매가, 전세가, 투자금) :

✔ 오늘 알게 된 세금 정보 :

OCTOBER

23

지식산업센터는 관리가 편합니다

지식산업센터는 주거용이 아니라 사무실 용도이기 때문에 아파트에 비해 상대적으로 관리가 편합니다. 지식산업센터 내에는 관리실이 별도로 있어서 웬만한 것은 관리실에서 알아서 관리를 해줍니다. 관리비는 매달 임차인이 냅니다. 임대인 입장에서는 매수를 하고 크게 신경 쓸 것이 없다는 것이 장점입니다.

| CHECK |

✔ 오늘의 긍정 확언 :

✔ 오늘 본 경제 기사 제목(요점, 이슈 등) :

✔ 오늘 공부한 지역 :

✔ 오늘 공부한 사이트 및 유튜브 채널 :

✔ 오늘의 관심 단지 및 시세(아파트명, 매매가, 전세가, 투자금) :

✔ 오늘 알게 된 세금 정보 :

OCTOBER

24

개인사업자 신청은 이렇게 하세요

개인사업자 신청은 홈텍스에서 가능합니다. '홈텍스 〉 신청/제출 〉 사업자등록신청(개인)'에서 가능합니다. 또는 인근 세무서에 방문해도 금방 만들 수 있습니다. 어렵다고 생각하지 말고 일단 해보세요.

| CHECK |

✔ 오늘의 긍정 확언 :

✔ 오늘 본 경제 기사 제목(요점, 이슈 등) :

✔ 오늘 공부한 지역 :

✔ 오늘 공부한 사이트 및 유튜브 채널 :

✔ 오늘의 관심 단지 및 시세(아파트명, 매매가, 전세가, 투자금) :

✔ 오늘 알게 된 세금 정보 :

OCTOBER

25

부가가가치세는 조기환급 받으세요

지산을 매입하게 되면 부가가치세라는 것을 내게 됩니다. 부가가치세는 재화나 용역의 부가가치에 부과되는 세금입니다. 지산을 매입하고 부가가치세를 냈다면 조기환급 신청이 가능합니다. 조기환급 신청은 매입 건이 발생한 달이 속하는 달의 다음 달 25일까지입니다. 꼭 부가가치세는 조기환급 받으세요.

| CHECK |

✔ 오늘의 긍정 확언 :

✔ 오늘 본 경제 기사 제목(요점, 이슈 등) :

✔ 오늘 공부한 지역 :

✔ 오늘 공부한 사이트 및 유튜브 채널 :

✔ 오늘의 관심 단지 및 시세(아파트명, 매매가, 전세가, 투자금) :

✔ 오늘 알게 된 세금 정보 :

OCTOBER

26

법인으로 지식산업센터를 살 때 세금은 이렇게 됩니다

지식산업센터를 법인으로 매수 시 취득세 4.6%, 재산세, 법인세 10% 정도를 내게 됩니다. 법인으로 추가 지식산업센터를 매수할 때는 사업자 단위과세로 지점을 늘려가는 방식으로 가능합니다. 법인으로 지산을 매입하면서 법인의 규모를 점점 더 늘려가보세요.

| CHECK |

✔ 오늘의 긍정 확언 :

✔ 오늘 본 경제 기사 제목(요점, 이슈 등) :

✔ 오늘 공부한 지역 :

✔ 오늘 공부한 사이트 및 유튜브 채널 :

✔ 오늘의 관심 단지 및 시세(아파트명, 매매가, 전세가, 투자금) :

✔ 오늘 알게 된 세금 정보 :

OCTOBER

27

법인은 이렇게 만드세요

법인을 만드는 방법은 셀프로 하려면 '헬프미 등기' 사이트를 추천합니다. 아주 상세하게 법인 만드는 방법을 안내해줍니다. 혼자 만드는 것이 번거롭다면 법무사를 활용하는 방법이 있습니다. 비용은 80~100만 원 정도 들지만 법인도장까지 다 만들어주기 때문에 정말 편합니다. 나의 성향에 맞게 선택하세요.

| **CHECK** |

✔ 오늘의 긍정 확언 :

✔ 오늘 본 경제 기사 제목(요점, 이슈 등) :

✔ 오늘 공부한 지역 :

✔ 오늘 공부한 사이트 및 유튜브 채널 :

✔ 오늘의 관심 단지 및 시세(아파트명, 매매가, 전세가, 투자금) :

✔ 오늘 알게 된 세금 정보 :

OCTOBER

28

법인으로 비주택 투자를 하세요

법인으로 주택을 매수하게 되면 바로 취득세 중과 12%가 됩니다. 또한 주택은 종부세 부과 대상이 되고 법인세 10% 외에 추가법인세 20%를 내게 됩니다. 그래서 법인으로는 주택보다 비주택인 아파텔, 지산이 더 투자하기 좋습니다.

| **CHECK** |

✔ 오늘의 긍정 확언 :

✔ 오늘 본 경제 기사 제목(요점, 이슈 등) :

✔ 오늘 공부한 지역 :

✔ 오늘 공부한 사이트 및 유튜브 채널 :

✔ 오늘의 관심 단지 및 시세(아파트명, 매매가, 전세가, 투자금) :

✔ 오늘 알게 된 세금 정보 :

OCTOBER

29

법인은 이렇게 활용하세요

퇴사를 고민하는 분들은 법인을 만드는 것이 좋습니다. 법인에서 급여를 받으면 직장건강보험료, 국민연금을 공제받을 수 있습니다. 나에게 월급을 주기 때문에 소속감도 있고 더 열심히 법인을 키우고 싶은 생각이 듭니다. 1인 기업가로 스스로가 대표이자 직원인 삶을 살고 싶다면 나의 법인을 꼭 만드세요.

| CHECK |

✔ 오늘의 긍정 확언 :

✔ 오늘 본 경제 기사 제목(요점, 이슈 등) :

✔ 오늘 공부한 지역 :

✔ 오늘 공부한 사이트 및 유튜브 채널 :

✔ 오늘의 관심 단지 및 시세(아파트명, 매매가, 전세가, 투자금) :

✔ 오늘 알게 된 세금 정보 :

OCTOBER

30

세무사에게 기장을 맡기세요

법인을 만들면 각종 세금신고를 해야 합니다. 저는 항상 내가 잘 모르는 영역은 전문가에게 맡기는 것이 좋다고 생각합니다. 세무사 기장료는 보통 11~20만 원 정도입니다. 너무 유명하거나 규모가 큰 곳보다는 나의 질문에 빠르게 피드백을 줄 수 있는 세무사가 더 좋습니다.

| **CHECK** |

✔ 오늘의 긍정 확언 :

✔ 오늘 본 경제 기사 제목(요점, 이슈 등) :

✔ 오늘 공부한 지역 :

✔ 오늘 공부한 사이트 및 유튜브 채널 :

✔ 오늘의 관심 단지 및 시세(아파트명, 매매가, 전세가, 투자금) :

✔ 오늘 알게 된 세금 정보 :

OCTOBER

31

개인명의, 법인명의를 둘 다 활용하세요

투자를 하다 보면 개인명의일 때 유리한 것이 있고 법인명의일 때 유리한 것이 있습니다. 개인명의와 법인명의 둘 다 있다면 투자에 정말 강력한 무기가 됩니다. 주택은 개인으로 매수하는 것이 좀 더 유리하고 비주택은 법인으로 매수하는 것이 유리하기 때문에 경우에 따라 명의를 선택할 수 있습니다.

| **CHECK** |

✔ 오늘의 긍정 확언 :

✔ 오늘 본 경제 기사 제목(요점, 이슈 등) :

✔ 오늘 공부한 지역 :

✔ 오늘 공부한 사이트 및 유튜브 채널 :

✔ 오늘의 관심 단지 및 시세(아파트명, 매매가, 전세가, 투자금) :

✔ 오늘 알게 된 세금 정보 :

11

NOVEMBER

보유주택에 따른 전략은 이렇게 해보세요

NOVEMBER

1

계속 고민만 하고 있을 건가요?

현재 무주택자, 1주택자, 2주택 이상인 분들은 각각의 포지션에 따라 고민을 많이 하게 됩니다. 결국 가장 큰 부분은 세금입니다. 하지만 걱정만 한다고 해서 달라질 것은 없습니다. 지금 나의 포지션에서 어떻게 절세하면서 실행할 수 있는지 생각하면 방법은 분명히 있습니다. 고민만 하지 말고 지금 할 수 있는 방법을 찾으세요.

| **CHECK** |

✔ 오늘의 긍정 확언 :

✔ 오늘 본 경제 기사 제목(요점, 이슈 등) :

✔ 오늘 공부한 지역 :

✔ 오늘 공부한 사이트 및 유튜브 채널 :

✔ 오늘의 관심 단지 및 시세(아파트명, 매매가, 전세가, 투자금) :

✔ 오늘 알게 된 세금 정보 :

NOVEMBER

2

무주택자는 청약부터 고려하세요

청약에 있어 무주택 가점은 정말 큽니다. 청약에도 틈새 전략이 있습니다. 상대적으로 경쟁률이 덜 한 비인기 단지나 비선호하는 평형과 타입을 노려보는 것입니다. 해당지역 무주택자만 가능한 미계약분도 고려할 수 있습니다.

| **CHECK** |

✔ 오늘의 긍정 확언 :

✔ 오늘 본 경제 기사 제목(요점, 이슈 등) :

✔ 오늘 공부한 지역 :

✔ 오늘 공부한 사이트 및 유튜브 채널 :

✔ 오늘의 관심 단지 및 시세(아파트명, 매매가, 전세가, 투자금) :

✔ 오늘 알게 된 세금 정보 :

NOVEMBER

3

청약은 데드라인을 정하세요

무주택자라면 당연히 청약에 당첨이 되면 좋습니다. 하지만 이건 내가 통제할 수 없는 영역입니다. 청약만 바라보다가는 내 집 마련이나 투자할 수 있는 기회비용을 계속 잃게 됩니다. 꼭 언제까지 청약을 넣겠다는 데드라인을 정하고 그때까지 떨어진다면 과감하게 포기할 줄도 알아야 합니다.

| **CHECK** |

✔ 오늘의 긍정 확언 :

✔ 오늘 본 경제 기사 제목(요점, 이슈 등) :

✔ 오늘 공부한 지역 :

✔ 오늘 공부한 사이트 및 유튜브 채널 :

✔ 오늘의 관심 단지 및 시세(아파트명, 매매가, 전세가, 투자금) :

✔ 오늘 알게 된 세금 정보 :

NOVEMBER

4

무주택자라면 규제 지역 분양권도 가능합니다

규제 지역 분양권 매수 시 중도금 대출을 받으려면 1주택자인 경우 기존주택처분조건이 붙습니다. 이럴 때 무주택자가 유리합니다. 전매가 가능한 분양권이 있다면 충분히 규제지역 분양권도 고려할 수 있습니다.

| **CHECK** |

✔ 오늘의 긍정 확언 :

✔ 오늘 본 경제 기사 제목(요점, 이슈 등) :

✔ 오늘 공부한 지역 :

✔ 오늘 공부한 사이트 및 유튜브 채널 :

✔ 오늘의 관심 단지 및 시세(아파트명, 매매가, 전세가, 투자금) :

✔ 오늘 알게 된 세금 정보 :

NOVEMBER

5

무주택자라면 재개발, 재건축 매수도 가능합니다

무주택자는 저평가 지역 재개발, 재건축 매수도 고려할 수 있습니다. 관리처분 인가 전에 매수를 하더라도 무주택자는 취득세 중과 없이 1.1%이므로 충분히 메리트가 있습니다.

| **CHECK** |

✔ 오늘의 긍정 확언 :

✔ 오늘 본 경제 기사 제목(요점, 이슈 등) :

✔ 오늘 공부한 지역 :

✔ 오늘 공부한 사이트 및 유튜브 채널 :

✔ 오늘의 관심 단지 및 시세(아파트명, 매매가, 전세가, 투자금) :

✔ 오늘 알게 된 세금 정보 :

NOVEMBER

6

무주택자라고 무조건 내 집 마련부터 할 필요는 없습니다

무주택자가 현재 2억 원이라는 돈으로 내 집 마련을 하는 것보다 전세 끼고 매매를 하면 더 좋은 곳에 미리 내 집을 사놓을 수 있습니다. 꼭 내 집이라고 내가 살아야 하는 것은 아닙니다. 살고 싶은 곳이 있다면 미리 전세 끼고 사두세요.

| CHECK |

✔ 오늘의 긍정 확언 :

✔ 오늘 본 경제 기사 제목(요점, 이슈 등) :

✔ 오늘 공부한 지역 :

✔ 오늘 공부한 사이트 및 유튜브 채널 :

✔ 오늘의 관심 단지 및 시세(아파트명, 매매가, 전세가, 투자금) :

✔ 오늘 알게 된 세금 정보 :

NOVEMBER

7

무주택자인 사회초년생이라면 주식보다 부동산 투자가 우선입니다

무주택자인 사회초년생들은 특히나 투자금이 적은 경우가 많습니다. 적은 금액으로 시도해볼 수 있는 것 중 하나가 주식입니다. 주식도 장점이 많지만 부동산에 비해 변동성이 큽니다. 소액이라도 부동산에 투자해서 시드머니를 모아간다면 자산을 빨리 불려나갈 수 있습니다.

| **CHECK** |

✔ 오늘의 긍정 확언 :

✔ 오늘 본 경제 기사 제목(요점, 이슈 등) :

✔ 오늘 공부한 지역 :

✔ 오늘 공부한 사이트 및 유튜브 채널 :

✔ 오늘의 관심 단지 및 시세(아파트명, 매매가, 전세가, 투자금) :

✔ 오늘 알게 된 세금 정보 :

NOVEMBER

8

무주택자는 5천만 원 있다면 이렇게 해보세요

무주택자인 제 지인이 최근에 첫 투자를 했습니다. 5천만 원으로 소도시에 투자했어요. 투자한 곳은 1.5군으로 단지 옆에 바로 초등학교, 중학교가 있고 실수요자들이 선호하는 곳입니다. 매매가 3.7억 원인데 집주인이 전세를 사는 조건으로 전세가를 3.2억 원으로 맞추었기에 5천만 원 투자금으로 가능했죠. 5천만 원으로 괜찮은 곳에 실거주 집을 마련하기는 어렵지만 투자는 가능하다는 점을 기억하세요.

| **CHECK** |

✔ 오늘의 긍정 확언 :

✔ 오늘 본 경제 기사 제목(요점, 이슈 등) :

✔ 오늘 공부한 지역 :

✔ 오늘 공부한 사이트 및 유튜브 채널 :

✔ 오늘의 관심 단지 및 시세(아파트명, 매매가, 전세가, 투자금) :

✔ 오늘 알게 된 세금 정보 :

NOVEMBER

9

부자가 되려면 2주택자가 되세요

1주택만으로는 자산에 큰 변화가 없습니다. 실거주 집에 돈을 깔고 있는 것은 더 많은 자산을 불릴 수 있는 기회를 잃고 있는 것과 다름없습니다. 부자들이 왜 모두 다주택자일까요? 부자가 되려면 2주택자가 되어야 한다는 것을 꼭 기억하세요. 그것이 부자가 되는 시작점이 될 것입니다.

| CHECK |

✔ 오늘의 긍정 확언 :

✔ 오늘 본 경제 기사 제목(요점, 이슈 등) :

✔ 오늘 공부한 지역 :

✔ 오늘 공부한 사이트 및 유튜브 채널 :

✔ 오늘의 관심 단지 및 시세(아파트명, 매매가, 전세가, 투자금) :

✔ 오늘 알게 된 세금 정보 :

NOVEMBER

10

1주택자는 갈아타기부터 고민하세요

내가 가진 1주택이 '못난이'라면 그것을 팔고 더 좋은 곳으로 갈아타는 게 좋습니다. 하지만 똘똘한 것이라면 굳이 빨리 그것을 팔기보다는 보유하는 것이 나은 선택일 수 있습니다. 지금 나의 1주택이 어떤 것인지부터 잘 살펴보세요.

| **CHECK** |

✔ 오늘의 긍정 확언 :

✔ 오늘 본 경제 기사 제목(요점, 이슈 등) :

✔ 오늘 공부한 지역 :

✔ 오늘 공부한 사이트 및 유튜브 채널 :

✔ 오늘의 관심 단지 및 시세(아파트명, 매매가, 전세가, 투자금) :

✔ 오늘 알게 된 세금 정보 :

NOVEMBER

11

1주택 갈아타기는 이런 곳에 하세요

1주택 갈아타기를 하기 좋은 시점은 부동산 하락기입니다. 상승기에는 1급지가 계속해서 상승함에 따라 그 외의 지역들과의 격차가 많이 벌어집니다. 하지만 하락기에는 1급지도 어느 정도 조정을 받기 때문에 상승기보다는 격차가 줄어듭니다. 내 집은 싸게 팔더라도 더 좋은 곳으로 갈아탄다면 오히려 이런 하락기에 자산을 더 늘려갈 수 있을 것입니다.

| **CHECK** |

✔ 오늘의 긍정 확언 :

✔ 오늘 본 경제 기사 제목(요점, 이슈 등) :

✔ 오늘 공부한 지역 :

✔ 오늘 공부한 사이트 및 유튜브 채널 :

✔ 오늘의 관심 단지 및 시세(아파트명, 매매가, 전세가, 투자금) :

✔ 오늘 알게 된 세금 정보 :

NOVEMBER

12

일시적 1가구 2주택을 활용하세요

보통 1주택인 사람들은 기존 1주택의 비과세 혜택을 받기 위해 2주택자가 되는 것을 두려워합니다. 기존 주택 매수 후 1년 뒤 두 번째 주택을 매수하고 3년 이내(규제 지역은 2년)에 기존 주택을 매도하면 비과세 혜택을 받을 수 있습니다. 꼭 1주택이어야만 비과세 혜택을 받을 수 있는 건 아닙니다.

| **CHECK** |

✔ 오늘의 긍정 확언 :

✔ 오늘 본 경제 기사 제목(요점, 이슈 등) :

✔ 오늘 공부한 지역 :

✔ 오늘 공부한 사이트 및 유튜브 채널 :

✔ 오늘의 관심 단지 및 시세(아파트명, 매매가, 전세가, 투자금) :

✔ 오늘 알게 된 세금 정보 :

NOVEMBER

13

1주택자는 비규제 지역 분양권을 사세요

1주택자가 비규제 지역 분양권을 사면 취득세 중과 주택 수에 포함되어도 비규제 지역은 2주택까지는 취득세 중과가 되지 않습니다. 또한 중도금 대출, 잔금 대출 시 기존 주택 처분 조건이 없기 때문에 충분히 메리트가 있습니다.

| CHECK |

✔ 오늘의 긍정 확언 :

✔ 오늘 본 경제 기사 제목(요점, 이슈 등) :

✔ 오늘 공부한 지역 :

✔ 오늘 공부한 사이트 및 유튜브 채널 :

✔ 오늘의 관심 단지 및 시세(아파트명, 매매가, 전세가, 투자금) :

✔ 오늘 알게 된 세금 정보 :

NOVEMBER

14

1주택자는 비규제 지역 재건축 (관리처분 전) 또는 기축 아파트를 사세요

1주택자가 비규제지역 재건축(관리처분 전), 기축 아파트를 사더라도 취득세 중과가 되지 않습니다. 아직 상승 흐름이 오지 않은 저평가된 유망 아파트에 투자한다면 충분히 수익을 낼 수 있습니다. 1주택자도 선택지가 많으니 미리 포기하지 마세요.

| CHECK |

✔ 오늘의 긍정 확언 :

✔ 오늘 본 경제 기사 제목(요점, 이슈 등) :

✔ 오늘 공부한 지역 :

✔ 오늘 공부한 사이트 및 유튜브 채널 :

✔ 오늘의 관심 단지 및 시세(아파트명, 매매가, 전세가, 투자금) :

✔ 오늘 알게 된 세금 정보 :

NOVEMBER

15

2주택자는 비규제 지역 분양권을 사세요

2주택자가 비규제 지역 분양권을 사면 계약부터 취득세 중과를 위한 주택 수 포함으로 3주택이 되어 등기 시점에 취득세 8%가 됩니다. 하지만 비규제 지역은 2주택자라도 중도금 대출, 잔금 대출 시 기존 주택 처분 조건과 전입 요건이 없습니다. 또한 계약 이후 전매 가능한 분양권이 많기 때문에 충분히 고려할 수 있습니다.

| **CHECK** |

✔ 오늘의 긍정 확언 :

✔ 오늘 본 경제 기사 제목(요점, 이슈 등) :

✔ 오늘 공부한 지역 :

✔ 오늘 공부한 사이트 및 유튜브 채널 :

✔ 오늘의 관심 단지 및 시세(아파트명, 매매가, 전세가, 투자금) :

✔ 오늘 알게 된 세금 정보 :

NOVEMBER

16

2주택자는 비규제 지역 재건축을 사세요

비규제 지역 재건축은 상대적으로 매매가가 저렴합니다. 관리처분 전 재건축 매매가가 2억 원 정도일 때 3주택으로 취득세 중과되어 8%라도 1,600만 원입니다. 2주택자가 비규제 지역에서 기축 아파트를 사는 것보다는 취득세를 적게 내기 때문에 충분히 고려해볼 수 있습니다.

| CHECK |

✔ 오늘의 긍정 확언 :

✔ 오늘 본 경제 기사 제목(요점, 이슈 등) :

✔ 오늘 공부한 지역 :

✔ 오늘 공부한 사이트 및 유튜브 채널 :

✔ 오늘의 관심 단지 및 시세(아파트명, 매매가, 전세가, 투자금) :

✔ 오늘 알게 된 세금 정보 :

NOVEMBER

17

2주택자는 지식산업센터를 사세요

지식산업센터는 개인사업자로 매수 시 취득세가 4.6%입니다. 주택이 아니기 때문에 종부세 부과가 되지 않고 2년 보유 후 일반과세로 팔 수 있습니다. 꼭 아파트 투자만 할 필요는 없습니다. 점점 더 다른 종목을 첨가해서 포트폴리오를 늘려가세요.

| **CHECK** |

✔ 오늘의 긍정 확언 :

✔ 오늘 본 경제 기사 제목(요점, 이슈 등) :

✔ 오늘 공부한 지역 :

✔ 오늘 공부한 사이트 및 유튜브 채널 :

✔ 오늘의 관심 단지 및 시세(아파트명, 매매가, 전세가, 투자금) :

✔ 오늘 알게 된 세금 정보 :

NOVEMBER

18

2주택자는 재건축 입주권 또는 아파텔을 사세요

입주권이나 아파텔은 2주택자가 매수하더라도 취득세 4.6%입니다. 입주권은 토지에 대한 재산세만 부과되고 종부세 부과 대상이 아닙니다. 아파텔은 주택분으로 재산세를 내지 않으면 종부세 부과 대상이 아닙니다. 둘 다 2년 보유 후 일반과세로 팔 수 있습니다. 모르는 종목도 공부하면 충분히 투자할 수 있습니다.

| CHECK |

✔ 오늘의 긍정 확언 :

✔ 오늘 본 경제 기사 제목(요점, 이슈 등) :

✔ 오늘 공부한 지역 :

✔ 오늘 공부한 사이트 및 유튜브 채널 :

✔ 오늘의 관심 단지 및 시세(아파트명, 매매가, 전세가, 투자금) :

✔ 오늘 알게 된 세금 정보 :

NOVEMBER

19

2주택자라면 공시가격 1억 원 이하도 고려할 수 있습니다

공시가격 1억 원 이하는 투자의 우선순위에서 가장 떨어지긴 합니다. 하지만 취득세 중과가 되지 않기 때문에 다주택자의 틈새 투자가 될 수 있습니다. 공시가격 1억 원 이하는 입지가 좋고 확실한 수요가 있는 곳에 투자한다면 리스크를 줄이고 수익을 낼 수 있습니다.

| CHECK |

✔ 오늘의 긍정 확언 :

✔ 오늘 본 경제 기사 제목(요점, 이슈 등) :

✔ 오늘 공부한 지역 :

✔ 오늘 공부한 사이트 및 유튜브 채널 :

✔ 오늘의 관심 단지 및 시세(아파트명, 매매가, 전세가, 투자금) :

✔ 오늘 알게 된 세금 정보 :

NOVEMBER

20

중요한 건 취득세를 내는 것보다 더 많이 오를 단지를 사는 것입니다

다주택자들에게 취득세 중과는 큰 허들입니다. 하지만 취득세 중과가 되더라도 그 이상으로 오를 수 있는 곳에 투자하는 것도 방법입니다. 취득세를 투자금으로 생각하세요. 투자하지 않는 것보다는 그렇게라도 투자를 하는 것이 훨씬 이득입니다.

| **CHECK** |

✔ 오늘의 긍정 확언 :

✔ 오늘 본 경제 기사 제목(요점, 이슈 등) :

✔ 오늘 공부한 지역 :

✔ 오늘 공부한 사이트 및 유튜브 채널 :

✔ 오늘의 관심 단지 및 시세(아파트명, 매매가, 전세가, 투자금) :

✔ 오늘 알게 된 세금 정보 :

NOVEMBER

21

2주택부터 법인을 만드는 것을 고민해보세요

2주택이 되면 그때부터는 명의를 분산하기 위한 계획을 세우는 것이 좋습니다. 개인으로만 투자를 하는 것에는 한계가 있습니다. 가장 좋은 방법은 법인을 만드는 것입니다. 법인은 전혀 다른 인격체라 생각하면 됩니다. 개인과 법인명의를 둘 다 활용하면 다양한 종목을 활용하여 자산을 늘려나갈 수 있습니다.

| **CHECK** |

✔ 오늘의 긍정 확언 :

✔ 오늘 본 경제 기사 제목(요점, 이슈 등) :

✔ 오늘 공부한 지역 :

✔ 오늘 공부한 사이트 및 유튜브 채널 :

✔ 오늘의 관심 단지 및 시세(아파트명, 매매가, 전세가, 투자금) :

✔ 오늘 알게 된 세금 정보 :

NOVEMBER

22

세금 관련 유튜브 채널, 블로그를 늘 챙겨보세요

요즘은 유튜브에도 세금 관련 채널이 많습니다. 최근 세금 이슈를 신문기사로 설명해주는 곳도 있고, 여러 세무사들과 한 달에 한 번씩 세금 특강을 제공하는 곳도 있습니다. 블로그에 상세하게 세금에 대해 정리를 해주는 곳도 많습니다. 내가 조금만 관심을 기울이면 정말 편하게 세금 공부를 할 수 있는 세상입니다.

TIP 추천 : 유튜브 채널 제네시스박, 네이버블로그: 미네르바올빼미, 투에이스

| **CHECK** |

✔ 오늘의 긍정 확언 :

✔ 오늘 본 경제 기사 제목(요점, 이슈 등) :

✔ 오늘 공부한 지역 :

✔ 오늘 공부한 사이트 및 유튜브 채널 :

✔ 오늘의 관심 단지 및 시세(아파트명, 매매가, 전세가, 투자금) :

✔ 오늘 알게 된 세금 정보 :

NOVEMBER

23

세금을 알아야 대응할 수 있습니다

우리가 세무사만큼 세금을 잘 알기는 어렵습니다. 세금의 종류에 따라 부과되는 기준이 다르기 때문에 더 어렵게 다가옵니다. 하지만 세금 강의나 책을 통해 어느 정도 세금을 공부해두면 세무사에게 뭘 물어봐야 하는지, 처음 투자할 때 포트폴리오를 어떻게 구성해나갈지 전략을 잘 짤 수 있습니다. 막연하게 두려워만 하지 말고 공부하세요.

| **CHECK** |

✔ 오늘의 긍정 확언 :

✔ 오늘 본 경제 기사 제목(요점, 이슈 등) :

✔ 오늘 공부한 지역 :

✔ 오늘 공부한 사이트 및 유튜브 채널 :

✔ 오늘의 관심 단지 및 시세(아파트명, 매매가, 전세가, 투자금) :

✔ 오늘 알게 된 세금 정보 :

NOVEMBER

24

무료 세금 상담도 활용하세요

양도세와 같은 국세에 관해서는 '무료 국세상담 126번'에서 상담이 가능합니다. 취득세와 같은 지방세는 해당 물건지 구청 지방세과에 문의하면 상담이 가능합니다. 1차적으로 무료 상담이 가능한 곳을 활용해서 세금에 대해 문의하는 것도 좋습니다.

| **CHECK** |

✔ 오늘의 긍정 확언 :

✔ 오늘 본 경제 기사 제목(요점, 이슈 등) :

✔ 오늘 공부한 지역 :

✔ 오늘 공부한 사이트 및 유튜브 채널 :

✔ 오늘의 관심 단지 및 시세(아파트명, 매매가, 전세가, 투자금) :

✔ 오늘 알게 된 세금 정보 :

NOVEMBER

25

세금은 꼭 세무사와 상담하세요

세금은 잘못 계산하면 큰 손해가 발생할 수 있습니다. 지금은 세금마다 체계가 복잡하기 때문에 꼭 최종결정 전에 세무사 2인 이상에게 상담받아서 비교해보는 것이 좋습니다. 세금 상담에 드는 비용을 아까워하지 마세요. 세무사 상담비의 몇 배를 아낄 수도 있습니다.

| **CHECK** |

✔ 오늘의 긍정 확언 :

✔ 오늘 본 경제 기사 제목(요점, 이슈 등) :

✔ 오늘 공부한 지역 :

✔ 오늘 공부한 사이트 및 유튜브 채널 :

✔ 오늘의 관심 단지 및 시세(아파트명, 매매가, 전세가, 투자금) :

✔ 오늘 알게 된 세금 정보 :

NOVEMBER

26

양도세 합산과세도 잘 활용하세요

한 해에 2개 이상의 물건을 양도하게 될 때는 양도차익이 합산되어 부과됩니다. 만약 손실을 본 물건을 같이 양도하게 되면 양도세를 절세할 수 있습니다. 매도할 때 이 점도 꼭 기억하세요.

| **CHECK** |

✔ 오늘의 긍정 확언 :

✔ 오늘 본 경제 기사 제목(요점, 이슈 등) :

✔ 오늘 공부한 지역 :

✔ 오늘 공부한 사이트 및 유튜브 채널 :

✔ 오늘의 관심 단지 및 시세(아파트명, 매매가, 전세가, 투자금) :

✔ 오늘 알게 된 세금 정보 :

NOVEMBER

27

양도세도 부부공동명의가 유리합니다

양도세는 1년마다 개인별로 250만 원씩 기본공제가 됩니다. 부부공동명의라면 500만 원이 공제가 됩니다. 그래서 양도소득세도 부부공동명의가 유리합니다. 매수할 때부터 조금 번거롭더라도 부부공동명의를 하세요.

| CHECK |

✔ 오늘의 긍정 확언 :

✔ 오늘 본 경제 기사 제목(요점, 이슈 등) :

✔ 오늘 공부한 지역 :

✔ 오늘 공부한 사이트 및 유튜브 채널 :

✔ 오늘의 관심 단지 및 시세(아파트명, 매매가, 전세가, 투자금) :

✔ 오늘 알게 된 세금 정보 :

NOVEMBER

28

종합부동산세를 줄이려면 명의를 분산하세요

종합부동산세를 겁내는 사람이 많습니다. 하지만 종합부동산세는 인별과세이기 때문에 명의를 분산하면 됩니다. 부부공동명의라면 인당 각 6억 원씩 공제되기 때문에 12억 원을 공제할 수 있습니다. 겁내지 말고 명의를 분산하세요.

TIP 2023년부터 인당 9억 원씩 공제 예정, 부부공동명의 총 18억 원까지 공제 가능, 정책 반영 여부 꼭 확인할 것

| **CHECK** |

✔ 오늘의 긍정 확언 :

✔ 오늘 본 경제 기사 제목(요점, 이슈 등) :

✔ 오늘 공부한 지역 :

✔ 오늘 공부한 사이트 및 유튜브 채널 :

✔ 오늘의 관심 단지 및 시세(아파트명, 매매가, 전세가, 투자금) :

✔ 오늘 알게 된 세금 정보 :

NOVEMBER

29

단계마다 하나씩 편견을 깨뜨리세요

저 역시 무주택자에서 1주택이 되기까지, 1주택에서 2주택이 되기까지 단계별로 정말 많은 고민을 했습니다. 하지만 하나씩 편견을 깨뜨리고 나니 내가 왜 괜한 걱정을 했나 싶었습니다. 지금 내가 하고 있는 이 고민이 별거 아닐 수도 있다는 것을 기억하세요.

| **CHECK** |

✔ 오늘의 긍정 확언 :

✔ 오늘 본 경제 기사 제목(요점, 이슈 등) :

✔ 오늘 공부한 지역 :

✔ 오늘 공부한 사이트 및 유튜브 채널 :

✔ 오늘의 관심 단지 및 시세(아파트명, 매매가, 전세가, 투자금) :

✔ 오늘 알게 된 세금 정보 :

NOVEMBER

30

좋은 자산은 시간이라는 양분을 먹고 무럭무럭 자랍니다

자산을 늘려가는 것에 대해 겁내지 말았으면 합니다. 좋은 자산은 시간이 지날수록 그 가치가 점점 더 상승합니다. 투자자는 좋은 자산을 저렴할 때 하나씩 모아가는 수집가입니다. 그것을 가진 것만으로도 뿌듯한 곳에 투자해 나가세요.

| **CHECK** |

✔ 오늘의 긍정 확언 :

✔ 오늘 본 경제 기사 제목(요점, 이슈 등) :

✔ 오늘 공부한 지역 :

✔ 오늘 공부한 사이트 및 유튜브 채널 :

✔ 오늘의 관심 단지 및 시세(아파트명, 매매가, 전세가, 투자금) :

✔ 오늘 알게 된 세금 정보 :

12

DECEMBER

인생 2막을 살고 싶다면 이렇게 하세요

DECEMBER

1

저는 이래서 퇴사했습니다

제가 퇴사를 결심했던 이유는 내 인생이 평생 딱 한 번뿐이기 때문입니다. 한 번뿐인 인생을 내 마음대로 마음껏 살아보고 싶었습니다. 지금은 그 선택에 있어 1도 후회가 없습니다. 누구든 퇴사할 수 있습니다.

| **CHECK** |

✔ 오늘의 긍정 확언 :

✔ 오늘 본 경제 기사 제목(요점, 이슈 등) :

✔ 오늘 공부한 지역 :

✔ 오늘 공부한 사이트 및 유튜브 채널 :

✔ 오늘의 관심 단지 및 시세(아파트명, 매매가, 전세가, 투자금) :

✔ 오늘 알게 된 세금 정보 :

DECEMBER

2

퇴사에도 준비는 꼭 필요합니다

하지만 퇴사도 반드시 준비가 필요합니다. '퇴사하고 나서 준비하면 되지'라고 막연하게 생각하면 안 됩니다. 직장을 다닐 때는 생계에 대해 걱정하지 않아도 되기 때문에 퇴사 준비에 집중할 수 있습니다. 퇴사하기 전 구체적으로 어떻게 수입 파이프라인을 가져갈지 정해야 퇴사 이후의 삶이 행복해집니다.

| **CHECK** |

✔ 오늘의 긍정 확언 :

✔ 오늘 본 경제 기사 제목(요점, 이슈 등) :

✔ 오늘 공부한 지역 :

✔ 오늘 공부한 사이트 및 유튜브 채널 :

✔ 오늘의 관심 단지 및 시세(아파트명, 매매가, 전세가, 투자금) :

✔ 오늘 알게 된 세금 정보 :

DECEMBER

3

어쩌면 우리는 현대판 노예의 삶을 살고 있는지도 모릅니다

예전의 노예들은 주인을 위해 자신을 바칩니다. 하지만 현대판 노예들은 직장을 위해 나의 모든 것을 바칩니다. 직장을 위해 평생을 바치는 사람이 너무 많습니다. 직장을 위해 소중한 나의 인생을 바치지 마세요. 누구든 내 인생의 주인이 될 수 있습니다.

| **CHECK** |

✔ 오늘의 긍정 확언 :

✔ 오늘 본 경제 기사 제목(요점, 이슈 등) :

✔ 오늘 공부한 지역 :

✔ 오늘 공부한 사이트 및 유튜브 채널 :

✔ 오늘의 관심 단지 및 시세(아파트명, 매매가, 전세가, 투자금) :

✔ 오늘 알게 된 세금 정보 :

DECEMBER

4

콘텐츠와 부동산 투자, 딱 2가지만 생각하세요

부동산 투자만으로는 퇴사 후 나의 일을 갖기 어렵습니다. 우리가 1인 기업가로 살아가기 위해서는 콘텐츠가 필요합니다. 내가 좋아하는 일이 아니라 내가 잘하는 것 중에서 콘텐츠를 찾아보세요. 좋아하는 것도 결국 일이 되어버리면 싫어하게 될 수 있습니다. 그래서 잘하는 것을 하는 게 좋습니다.

| **CHECK** |

✔ 오늘의 긍정 확언 :

✔ 오늘 본 경제 기사 제목(요점, 이슈 등) :

✔ 오늘 공부한 지역 :

✔ 오늘 공부한 사이트 및 유튜브 채널 :

✔ 오늘의 관심 단지 및 시세(아파트명, 매매가, 전세가, 투자금) :

✔ 오늘 알게 된 세금 정보 :

DECEMBER

5

온라인에 나의 건물을 짓는 것은 공짜입니다

실제로 건물을 지으려고 하면 정말 많은 비용이 듭니다. 하지만 온라인 세상에 나의 건물을 짓는 것은 공짜입니다. 블로그, 유튜브는 공짜로 시작할 수 있습니다. 비용이 들지 않기 때문에 실패해도 다시 하면 됩니다. 그러니 마음껏 시도해보세요.

| **CHECK** |

✔ 오늘의 긍정 확언 :

✔ 오늘 본 경제 기사 제목(요점, 이슈 등) :

✔ 오늘 공부한 지역 :

✔ 오늘 공부한 사이트 및 유튜브 채널 :

✔ 오늘의 관심 단지 및 시세(아파트명, 매매가, 전세가, 투자금) :

✔ 오늘 알게 된 세금 정보 :

DECEMBER

6

시간 확보부터 하세요

퇴사 준비를 위해서는 시간 확보가 가장 중요합니다. 누구에게나 24시간은 동일하게 주어집니다. 시간 확보를 위해서는 기존에 하던 것을 가지치기해야 합니다. 지금 내가 하고 있는 것들 중 중요한 것, 덜 중요한 것은 무언인지를 찾고 우선순위를 정하세요. 결국 우리는 선택하고 집중해야 합니다.

| **CHECK** |

✔ 오늘의 긍정 확언 :

✔ 오늘 본 경제 기사 제목(요점, 이슈 등) :

✔ 오늘 공부한 지역 :

✔ 오늘 공부한 사이트 및 유튜브 채널 :

✔ 오늘의 관심 단지 및 시세(아파트명, 매매가, 전세가, 투자금) :

✔ 오늘 알게 된 세금 정보 :

DECEMBER

7

사람들의 문제를 해결해주세요

사람들은 모두 문제를 갖고 살아갑니다. 그 문제를 내가 해결해주면 나를 좋아하게 됩니다. 무엇을 할지 고민이 될 땐 요즘 사람들이 어떤 고민을 하고 있는지를 잘 살펴보세요. 분명 내가 해결해줄 수 있는 문제가 보일 겁니다.

| **CHECK** |

✔ 오늘의 긍정 확언 :

✔ 오늘 본 경제 기사 제목(요점, 이슈 등) :

✔ 오늘 공부한 지역 :

✔ 오늘 공부한 사이트 및 유튜브 채널 :

✔ 오늘의 관심 단지 및 시세(아파트명, 매매가, 전세가, 투자금) :

✔ 오늘 알게 된 세금 정보 :

DECEMBER

8

포기만 하지 않으면 반드시 이루어집니다

1인 기업가가 되는 과정이 쉽지 않습니다. 매일 글을 쓰고 유튜브 영상을 업로드해도 봐주는 사람이 하나도 없을 수도 있어요. 무언가를 매일 하는 것 같긴 한데 성과가 없는 것 같습니다. 하지만 가만히 들여다보면 내 안에서 무언가 조금씩 쌓이고 있습니다. 포기만 하지 않으면 결국 이루어집니다.

| CHECK |

✔ 오늘의 긍정 확언 :

✔ 오늘 본 경제 기사 제목(요점, 이슈 등) :

✔ 오늘 공부한 지역 :

✔ 오늘 공부한 사이트 및 유튜브 채널 :

✔ 오늘의 관심 단지 및 시세(아파트명, 매매가, 전세가, 투자금) :

✔ 오늘 알게 된 세금 정보 :

DECEMBER

9

콘텐츠는 감정입니다

콘텐츠라는 건 한마디로 감정입니다. 누군가의 감정을 건드려야 그 사람이 나를 기억하게 됩니다. 감정이 없는 콘텐츠는 로봇이 말하는 것처럼 무미건조할 뿐입니다. 완벽하지 않아도 됩니다. 대신 나의 감정을 담아보세요. 한 사람의 마음에 조금이라도 파도를 일으켜보세요.

| **CHECK** |

✔ 오늘의 긍정 확언 :

✔ 오늘 본 경제 기사 제목(요점, 이슈 등) :

✔ 오늘 공부한 지역 :

✔ 오늘 공부한 사이트 및 유튜브 채널 :

✔ 오늘의 관심 단지 및 시세(아파트명, 매매가, 전세가, 투자금) :

✔ 오늘 알게 된 세금 정보 :

DECEMBER

10

무료로 제공하세요

처음부터 내가 가진 것을 무료로 제공해보세요. 사람들은 항상 내가 지불한 것 이상을 기대합니다. 그 기대에 못 미치면 실망을 합니다. 하지만 무료로 무언가를 제공하면 기대하지 않게 됩니다. 기대하지 않았는데 조금이라도 혜택을 주면 더 큰 선물을 받은 것처럼 고마워하게 됩니다. 따라서 최대한 무료로 제공해야 합니다.

| **CHECK** |

✔ 오늘의 긍정 확언 :

✔ 오늘 본 경제 기사 제목(요점, 이슈 등) :

✔ 오늘 공부한 지역 :

✔ 오늘 공부한 사이트 및 유튜브 채널 :

✔ 오늘의 관심 단지 및 시세(아파트명, 매매가, 전세가, 투자금) :

✔ 오늘 알게 된 세금 정보 :

DECEMBER

11

나의 블라인드 영역을 알아야 합니다

나의 강점 중 내가 아는 영역이 있고 모르는 영역이 있습니다. 내가 모르는 영역은 다른 사람의 피드백을 받아야 알 수 있는 블라인드 영역입니다. 그것을 알기 위해서라도 열심히 글과 영상을 통해 나를 드러내야 합니다. 나의 숨겨진 블라인드 영역이 궁금하지 않은가요?

| **CHECK** |

✔ 오늘의 긍정 확언 :

✔ 오늘 본 경제 기사 제목(요점, 이슈 등) :

✔ 오늘 공부한 지역 :

✔ 오늘 공부한 사이트 및 유튜브 채널 :

✔ 오늘의 관심 단지 및 시세(아파트명, 매매가, 전세가, 투자금) :

✔ 오늘 알게 된 세금 정보 :

DECEMBER

12

항상 진심을 다하세요

저는 진심을 이길 수 있는 건 아무것도 없다고 생각합니다. 다른 사람들을 도와주고 싶은 그 진심만 있다면 상대방도 그것을 느끼게 됩니다. 무엇을 하든지 진심을 다하세요. 결국 그런 사람이 성공합니다.

| **CHECK** |

✔ 오늘의 긍정 확언 :

✔ 오늘 본 경제 기사 제목(요점, 이슈 등) :

✔ 오늘 공부한 지역 :

✔ 오늘 공부한 사이트 및 유튜브 채널 :

✔ 오늘의 관심 단지 및 시세(아파트명, 매매가, 전세가, 투자금) :

✔ 오늘 알게 된 세금 정보 :

DECEMBER

13

퇴사에 있어 완벽한 준비는 없습니다

과연 퇴사에 있어서 완벽한 준비가 있을까요? 저는 없다고 생각합니다. 완벽함에 대한 기준 역시 정말 주관적입니다. 다만 내가 이 정도면 퇴사를 해도 더 잘할 수 있겠다는 확신만 있으면 됩니다. 그리고 퇴사한 후 그것에 나의 시간을 갈아 넣으면 됩니다.

| **CHECK** |

✔ 오늘의 긍정 확언 :

✔ 오늘 본 경제 기사 제목(요점, 이슈 등) :

✔ 오늘 공부한 지역 :

✔ 오늘 공부한 사이트 및 유튜브 채널 :

✔ 오늘의 관심 단지 및 시세(아파트명, 매매가, 전세가, 투자금) :

✔ 오늘 알게 된 세금 정보 :

DECEMBER

14

평범한 사람도 책을 쓸 수 있습니다

1인 기업가가 되기 위해 책을 쓰세요. 평범한 사람도 책을 쓸 수 있습니다. 어떤 것이든 사람들에게 도움을 줄 수 있으면 됩니다. 그 책에는 그 사람의 인생이 오롯이 담기게 됩니다. 책은 1인 기업가의 명함이 되어줄 것입니다.

| **CHECK** |

✔ 오늘의 긍정 확언 :

✔ 오늘 본 경제 기사 제목(요점, 이슈 등) :

✔ 오늘 공부한 지역 :

✔ 오늘 공부한 사이트 및 유튜브 채널 :

✔ 오늘의 관심 단지 및 시세(아파트명, 매매가, 전세가, 투자금) :

✔ 오늘 알게 된 세금 정보 :

DECEMBER

15

돈이 들어오는 시스템을 만드세요

퇴사 준비를 하는 데 있어 가장 중요한 것은 돈이 들어오는 시스템을 만드는 것입니다. 강의수익, 유튜브 광고수익, 블로그 광고 수익, 전자책 수익, 책 인세 등 파이프라인을 계속 만들어갈 수 있습니다. 그런 시스템을 만들기 위해서 나를 브랜딩하는 것이 중요합니다. 나를 좋아하는 사람이 많을수록 그 시스템을 키워나갈 수 있습니다.

| **CHECK** |

✔ 오늘의 긍정 확언 :

✔ 오늘 본 경제 기사 제목(요점, 이슈 등) :

✔ 오늘 공부한 지역 :

✔ 오늘 공부한 사이트 및 유튜브 채널 :

✔ 오늘의 관심 단지 및 시세(아파트명, 매매가, 전세가, 투자금) :

✔ 오늘 알게 된 세금 정보 :

DECEMBER

16

초심을 잃지 마세요

시작했던 그 첫 마음을 잃으면 안 됩니다. 인기를 얻다 보면 그것을 당연하게 여기게 됩니다. 하지만 인기라는 것도 모래성처럼 하루아침에 무너져 내릴 수 있습니다. 그래서 내가 시작했던 그 첫 마음을 늘 간직해야 합니다.

| **CHECK** |

✔ 오늘의 긍정 확언 :

✔ 오늘 본 경제 기사 제목(요점, 이슈 등) :

✔ 오늘 공부한 지역 :

✔ 오늘 공부한 사이트 및 유튜브 채널 :

✔ 오늘의 관심 단지 및 시세(아파트명, 매매가, 전세가, 투자금) :

✔ 오늘 알게 된 세금 정보 :

DECEMBER

17

나를 적극적으로 어필하세요

퇴사를 하고 가장 많이 바뀐 부분은 나를 적극적으로 어필해야 한다는 것입니다. 회사에서는 누군가 시키는 일만 하면 월급이 나왔습니다. 하지만 퇴사를 하면 아무도 나를 찾아주지 않습니다. 쓸데없는 자존심은 버리고 적극적으로 나를 어필해보세요. 내가 나를 어필하는 만큼 나를 알아봐주는 사람의 수도 늘어날 것입니다.

| **CHECK** |

✔ 오늘의 긍정 확언 :

✔ 오늘 본 경제 기사 제목(요점, 이슈 등) :

✔ 오늘 공부한 지역 :

✔ 오늘 공부한 사이트 및 유튜브 채널 :

✔ 오늘의 관심 단지 및 시세(아파트명, 매매가, 전세가, 투자금) :

✔ 오늘 알게 된 세금 정보 :

DECEMBER

18

나를 소개하는 단 한 줄을 만드세요

누군가 "당신은 무엇을 하는 사람인가요?"라고 질문을 한다면 바로 대답할 수 있는 단 한 줄이 필요합니다. 누군가가 저에게 그런 질문을 한다면 저는 이렇게 대답할 거예요. '저는 저를 스쳐가는 사람들을 부자로 만들어드리는 일을 합니다'라고요. 그 한 줄에 내가 살고 싶은 인생이 담깁니다.

| CHECK |

✔ 오늘의 긍정 확언 :

✔ 오늘 본 경제 기사 제목(요점, 이슈 등) :

✔ 오늘 공부한 지역 :

✔ 오늘 공부한 사이트 및 유튜브 채널 :

✔ 오늘의 관심 단지 및 시세(아파트명, 매매가, 전세가, 투자금) :

✔ 오늘 알게 된 세금 정보 :

DECEMBER

19

파이어족의 정의는 다양합니다

파이어족은 경제적 자립을 토대로 자발적으로 조기 은퇴를 추진하는 사람들을 말합니다. 어떤 의미에서는 퇴사 후 전혀 일을 하지 않고 극단적으로 소비를 억제하는 사람을 말하기도 합니다. 하지만 파이어족에 대한 정의는 더 다양해질 수 있다고 생각합니다. 중요한 것은 내가 살고 싶은 인생을 살기 위해 은퇴를 했다는 점이 아닐까 합니다.

| **CHECK** |

✔ 오늘의 긍정 확언 :

✔ 오늘 본 경제 기사 제목(요점, 이슈 등) :

✔ 오늘 공부한 지역 :

✔ 오늘 공부한 사이트 및 유튜브 채널 :

✔ 오늘의 관심 단지 및 시세(아파트명, 매매가, 전세가, 투자금) :

✔ 오늘 알게 된 세금 정보 :

DECEMBER

20

디지털 노마드가 되세요

디지털 노마드는 '디지털'과 '유목민'을 합성한 신조어입니다. 공간의 제약을 받지 않고 자유롭게 생활하는 사람을 의미합니다. 저는 집이든 카페든 여행지든 어디서든 일을 합니다. 노트북 하나만 있으면 어디든 저의 사무실이 됩니다. 다들 밀리는 출퇴근길 차 안에 갇혀 있을 때 저는 2층 카페 창문에서 노트북을 두드리며 그 모습을 바라봅니다. 어떤 삶이 더 부러우세요?

| CHECK |

✔ 오늘의 긍정 확언 :

✔ 오늘 본 경제 기사 제목(요점, 이슈 등) :

✔ 오늘 공부한 지역 :

✔ 오늘 공부한 사이트 및 유튜브 채널 :

✔ 오늘의 관심 단지 및 시세(아파트명, 매매가, 전세가, 투자금) :

✔ 오늘 알게 된 세금 정보 :

DECEMBER

21

다른 사람을 가르쳐보세요

우리가 가장 빨리 성장하는 방법은 누군가를 가르치는 것입니다. 누군가를 가르치려고 하면 더 공부하게 되고 정리하게 됩니다. 그 과정을 통해 내가 더 많이 배우게 됩니다. 지금 무언가 부족하다고 느껴진다면 다른 사람을 가르쳐보세요.

| **CHECK** |

✔ 오늘의 긍정 확언 :

✔ 오늘 본 경제 기사 제목(요점, 이슈 등) :

✔ 오늘 공부한 지역 :

✔ 오늘 공부한 사이트 및 유튜브 채널 :

✔ 오늘의 관심 단지 및 시세(아파트명, 매매가, 전세가, 투자금) :

✔ 오늘 알게 된 세금 정보 :

DECEMBER

22

생산자로 단돈 만 원이라도 벌어보세요

직장인들은 매월 들어오는 월급을 받고 그것을 소비하는 소비자로 살아갑니다. 하지만 우리가 퇴사를 하고 1인 기업가가 되기 위해서는 소비자가 아닌 생산자가 되어야 합니다. 생산자로서 만 원이라도 벌어보세요. 쉽지는 않을 거예요. 하지만 성공한다면 그 만 원이 금방 1억 원으로 바뀔 것입니다.

| **CHECK** |

✔ 오늘의 긍정 확언 :

✔ 오늘 본 경제 기사 제목(요점, 이슈 등) :

✔ 오늘 공부한 지역 :

✔ 오늘 공부한 사이트 및 유튜브 채널 :

✔ 오늘의 관심 단지 및 시세(아파트명, 매매가, 전세가, 투자금) :

✔ 오늘 알게 된 세금 정보 :

DECEMBER

23

매일 글을 쓰세요

매일 글을 쓰는 것은 중요합니다. 글쓰기는 모든 콘텐츠의 근간이 되기 때문입니다. 쓸 주제가 없다면 일기라도 써보세요. 처음에는 한 줄 쓰기도 힘들지만 매일 쓰다 보면 한 페이지를 다 채우게 됩니다. 글을 잘 쓰는 방법은 매일 쓰는 것밖에 없습니다.

| **CHECK** |

✔ 오늘의 긍정 확언 :

✔ 오늘 본 경제 기사 제목(요점, 이슈 등) :

✔ 오늘 공부한 지역 :

✔ 오늘 공부한 사이트 및 유튜브 채널 :

✔ 오늘의 관심 단지 및 시세(아파트명, 매매가, 전세가, 투자금) :

✔ 오늘 알게 된 세금 정보 :

DECEMBER

24

평범함과 비범함의 차이는 정말 한 끗입니다

저는 평범함과 비범함은 한 끗 차이밖에 나지 않는다고 생각해요. 우리 인생의 한가운데서 어떤 사건을 만났느냐가 그 차이를 만들어냅니다. 되든 되지 않든 나를 그 환경 속에 밀어 넣어보세요. 그 경험이 쌓이고 쌓이면 결국 변화를 만들어냅니다.

| **CHECK** |

✔ 오늘의 긍정 확언 :

✔ 오늘 본 경제 기사 제목(요점, 이슈 등) :

✔ 오늘 공부한 지역 :

✔ 오늘 공부한 사이트 및 유튜브 채널 :

✔ 오늘의 관심 단지 및 시세(아파트명, 매매가, 전세가, 투자금) :

✔ 오늘 알게 된 세금 정보 :

DECEMBER

25

배우자는 안정적인 일을 하고 나는 좀 더 불안정한 일을 하는 것도 좋습니다

예전 김미경 강사의 유튜브 영상에서 남편은 직장에 다니고 아내는 좀 더 불안정한 일을 하는 것이 훨씬 더 자산을 빨리 불리는 방법이라고 했어요. 둘 다 직장에 다니는 것이 꼭 정답은 아닙니다. 안정과 불안정의 시너지를 한번 느껴보세요.

| **CHECK** |

✔ 오늘의 긍정 확언 :

✔ 오늘 본 경제 기사 제목(요점, 이슈 등) :

✔ 오늘 공부한 지역 :

✔ 오늘 공부한 사이트 및 유튜브 채널 :

✔ 오늘의 관심 단지 및 시세(아파트명, 매매가, 전세가, 투자금) :

✔ 오늘 알게 된 세금 정보 :

DECEMBER

26

누구든 꿈꾸는 인생을 살 수 있습니다

저는 평생 한 직장에서 정년을 채우고 퇴사해야 한다고 생각했습니다. 하지만 마흔을 목전에 둔 어느 날 도저히 이렇게는 살면 안 되겠다는 결심을 하게 되었고, 결국 내가 꿈꾸는 인생을 살기 위해 퇴사를 했습니다. 누구든 내가 꿈꾸는 인생을 살 수 있다는 것을 꼭 기억했으면 합니다.

| **CHECK** |

✔ 오늘의 긍정 확언 :

✔ 오늘 본 경제 기사 제목(요점, 이슈 등) :

✔ 오늘 공부한 지역 :

✔ 오늘 공부한 사이트 및 유튜브 채널 :

✔ 오늘의 관심 단지 및 시세(아파트명, 매매가, 전세가, 투자금) :

✔ 오늘 알게 된 세금 정보 :

DECEMBER

27

퇴사, 막상 해보면 별거 아닙니다

제가 퇴사를 해보면서 느낀 건 참 별거 아니라는 것입니다. 10년이 넘는 시간 동안 고민을 했는데 막상 퇴사를 하고 나니 제 인생에 있어 회사는 전부가 아닌, 그저 작고 작은 일부에 지나지 않았습니다. 회사가 내 인생의 전부라고 절대 생각하지 마세요. 내 인생의 작은 사건들 중 하나일 수도 있습니다.

| **CHECK** |

✔ 오늘의 긍정 확언 :

✔ 오늘 본 경제 기사 제목(요점, 이슈 등) :

✔ 오늘 공부한 지역 :

✔ 오늘 공부한 사이트 및 유튜브 채널 :

✔ 오늘의 관심 단지 및 시세(아파트명, 매매가, 전세가, 투자금) :

✔ 오늘 알게 된 세금 정보 :

DECEMBER

28

돈에 대해 말하는 것을 부끄러워하지 마세요

1인 기업가로 일을 하다 보면 여러 제안이 옵니다. 그 제안들을 수락하고 일을 하게 되면 나의 소중한 시간을 쓰게 됩니다. 그렇기 때문에 적정한 대가를 요구해야 합니다. 돈에 대해 말하는 것을 부끄러워하지 마세요. 나의 가치는 내가 결정하니까요.

| **CHECK** |

✔ 오늘의 긍정 확언 :

✔ 오늘 본 경제 기사 제목(요점, 이슈 등) :

✔ 오늘 공부한 지역 :

✔ 오늘 공부한 사이트 및 유튜브 채널 :

✔ 오늘의 관심 단지 및 시세(아파트명, 매매가, 전세가, 투자금) :

✔ 오늘 알게 된 세금 정보 :

DECEMBER

29

누구나 아티스트로 태어납니다

제가 정말 좋아하는 책인 세스 고딘의 《이카루스 이야기》에 '모든 사람은 아티스트로 태어난다'는 내용이 있습니다. 아직 모르고 있을 뿐, 내 안에 분명 멋진 콘텐츠가 있을 거예요. 이제는 그것을 세상 밖으로 하나씩 끄집어내보세요. 이 책을 읽고 있는 당신 역시 멋진 아티스트입니다.

| **CHECK** |

✔ 오늘의 긍정 확언 :

✔ 오늘 본 경제 기사 제목(요점, 이슈 등) :

✔ 오늘 공부한 지역 :

✔ 오늘 공부한 사이트 및 유튜브 채널 :

✔ 오늘의 관심 단지 및 시세(아파트명, 매매가, 전세가, 투자금) :

✔ 오늘 알게 된 세금 정보 :

DECEMBER

30

대체할 수 없는 사람이 되세요

세상에는 나보다 훨씬 더 잘난 사람이 많습니다. 그 사람들을 넘어서려고 하면 금세 지치고 맙니다. 나보다 잘난 사람은 계속 나오기 때문입니다. 하지만 나만이 갖고 있는 그 특별함은 어느 누구도 대체할 수가 없습니다. 남을 이기려 하지 말고 대체할 수 없는 사람이 되세요. 평범한 사람이 경쟁에서 살아남는 방법은 이것뿐입니다. 나만의 차별성을 갖기 위해 노력하세요.

| **CHECK** |

✔ 오늘의 긍정 확언 :

✔ 오늘 본 경제 기사 제목(요점, 이슈 등) :

✔ 오늘 공부한 지역 :

✔ 오늘 공부한 사이트 및 유튜브 채널 :

✔ 오늘의 관심 단지 및 시세(아파트명, 매매가, 전세가, 투자금) :

✔ 오늘 알게 된 세금 정보 :

DECEMBER

31

지금 정말 만족하는 게 맞나요?

어떤 사람들은 지금 직장생활에 정말 만족한다고 합니다. 그런데 정말 그런지 내 마음을 잘 들여다보세요. 퇴사를 하고 싶은데 용기가 나지 않아서 괜찮은 척, 만족하는 척하고 있는 건 아닌지 말입니다. 자유에 대한 갈망은 누구든 가지고 있습니다. 이젠 솔직해져도 됩니다.

| **CHECK** |

✔ 오늘의 긍정 확언 :

✔ 오늘 본 경제 기사 제목(요점, 이슈 등) :

✔ 오늘 공부한 지역 :

✔ 오늘 공부한 사이트 및 유튜브 채널 :

✔ 오늘의 관심 단지 및 시세(아파트명, 매매가, 전세가, 투자금) :

✔ 오늘 알게 된 세금 정보 :

KI신서 10403
세빛희의 1일 1부동산 투자 일력

1판 1쇄 인쇄 2022년 9월 14일
1판 1쇄 발행 2022년 10월 19일

지은이 김세희
펴낸이 김영곤
펴낸곳 ㈜북이십일 21세기북스

인생명강팀장 윤서진 **인생명강팀** 강혜지
디자인 김희림
출판마케팅영업본부장 민안기
마케팅2팀 나은경 박보미 정유진 백다희
출판영업팀 최명열
제작팀 이영민 권경민

출판등록 2000년 5월 6일 제406-2003-061호
주소 (10881) 경기도 파주시 회동길 201(문발동)
대표전화 031-955-2100 **팩스** 031-955-2151 **이메일** book21@book21.co.kr

ISBN 978-89-509-4182-6 12320

(주)북이십일 경계를 허무는 콘텐츠 리더

21세기북스 채널에서 도서 정보와 다양한 영상자료, 이벤트를 만나세요!
페이스북 facebook.com/jiinpill21 포스트 post.naver.com/21c_editors
인스타그램 instagram.com/jiinpill21 홈페이지 www.book21.com
유튜브 youtube.com/book21pub